HEYNE <

Das Buch
Auch wenn Sie nicht an Engel glauben sollten: tun Sie doch einfach mal so, »als ob«. Lassen Sie sich leiten von Gary Quinns mitreißenden Erfahrungen und testen Sie selbst, wie leicht Ihr Leben werden kann, wenn Sie sich auf die Hilfe der Engel einlassen. Liebevoll, motivierend und illustriert mit vielen berührenden Beispielen aus seiner Beratertätigkeit macht Gary Quinn Sie bekannt mit sieben Engeln, von denen Sie auf das Wundervollste profitieren können: für persönlichen Schutz, Erfolg, Gesundheit und Lebensfreude.

Der Autor
Der Lebensberater und Motivationstrainer Gary Quinn arbeitet seit vielen Jahren eng mit spirituellen Lehrern wie Deepak Chopra, Ram Dass und Don Miguel Ruiz zusammen. Quinn lebt in Los Angeles, zu seinen Klienten zählen u. a. Roberto Benigni, Nastasja Kinski, Ralf Bauer und der Popsänger Seal. Seine hohe Medienpräsenz und weltweiten Seminare machten ihn international bekannt.
www.garyquinn.tv

Gary Quinn

Von Engeln geleitet

Finden Sie Ihre geistigen Führer und Ihr wahres Ziel

Aus dem Amerikanischen
von Elisabeth Liebl

WILHELM HEYNE VERLAG
MÜNCHEN

Für unsere Engel und Führer, die immer mit uns sind
um jeden Einzelnen von uns die Liebe und das Wissen
zukommen zu lassen, die er braucht,
um den Himmel auf Erden zu schaffen.

FSC
Mix
Produktgruppe aus vorbildlich bewirtschafteten Wäldern und anderen kontrollierten Herkünften

Zert.-Nr. SGS-COC-1940
www.fsc.org
© 1996 Forest Stewardship Council

Verlagsgruppe Random House
FSC-DEU-0100
Das für dieses Buch verwendete
FSC-zertifizierte Papier *Holmen Book Cream*
liefert Holmen Paper, Hallstavik, Schweden.

Taschenbuchausgabe 12/2009

Diese Ausgabe entstand durch Vermittlung
von Jürgen P. Lipp und Jürgen Mellmann

Titel der amerikanischen Originalausgabe: May the Angels Be With You
(Harmony Books, New York, USA, Random House Inc.)

Printed in Germany 2009
Umschlaggestaltung: Guter Punkt, München
Umschlagmotiv: © Richard John Lester/Shutterstock
Herstellung: Helga Schörnig
Satz: CompetenzCenter, Düsseldorf
Druck und Bindung: GGP Media GmbH, Pößneck
ISBN 978-3-453-70140-3

http://www.heyne.de

Danksagung

Ich möchte allen danken, die dieses Projekt für mich zu einer positiven Erfahrung machten und so mein Vertrauen in die Schöpfung weiterhin gestärkt haben. All meinen Familienmitgliedern, Freunden und Klienten sowie all den »besonderen« Menschen, die ich kennen lernen und mit denen ich arbeiten durfte, sei hiermit ebenfalls gedankt.

An erster Stelle möchte ich Guy Kettelhack nennen, einen außergewöhnlichen Schriftsteller und Renaissancemenschen, ohne den dieses Buch nie geschrieben worden wäre. Sein Geist leuchtet hell durch diese Zeilen.

Dank und Segen meiner Mutter und meinem Vater.

Danke, Barbara Moulton, für dein Vertrauen, das du als meine Agentin in mich setzt, für deine Kraft und deine Freundschaft.

Die Vision, die zur Geburt dieses Buches führte, verdanke ich Patricia Gift und Linda Loewenthal. (Und vielen Dank auch meiner wundervollen Redakteurin Janet Biehl.)

Ein ganz besonderer Dank gebührt folgenden Menschen: Evelyn M. Dalton, Deborah A. Luican, Patty Q, Martin Allaire, Nastassja Kinski, Gina Webb, Ute-Ville, Utta, Dottie Galliano, Nance Mitchell, Ani, Billy Blanks, Anne Taylor Spitzer, Elena Sahagun, Mel Harris, Carole Dib, Mahie Mahboubie, Laa Joshua,

Kate Bolyn, Maggy Calhoun, Conna Mills, SEAL, Teri Garr, Linda Gray, Pamela Deans-Levine, Harold Lancer, Hilary Barrett, Mary Griffin, Michael Westhofen, Donna Delory, Bruce R. Hatton, Shelly Burton, Sante Losio, Doriana Mazzola, John Travolta, Sylvia Castillo, Barbara Deutsch, Vincent Schiavelli, Sara Anne Fox, Lori Goldman, Carol Campbell, Nina Paolucci, Marilu Henner, Myriam Calhoun, Ralf Bauer, Antoinette Kuritz, David Newman, Mary Ann Viterbo, Gry Eriksen, Laura Galinson, Liz Caldwell, Katarina Witt, Elaine Moyle (von der *Toronto Sun*), Kelly Knight, Ryan Doyle (von *CFRB Radio*, Toronto), Dana Dugan, Denise Fierro, Jonelle Allen, Richard Cole, R. Q., George Maimon, Cheryl Welch, Lucia Moro, Samara Saffian, Herb Tannen, Lynda Beattie, John Maroney, Tina Constable, Sarah Bennie, Sarah Trosper, Joan M. DeMayo, Rhoda Dunn, Pamela Roskin, Kieran O'Brien, Ndidi Nkagbu, Craig Campobasso, Jeena Lee, Pamela Sheppard, Brian Wright, Grace Bean, Iris Loesel, Andreas Kurz, Gena Lee Nolin, Ed Marx, Debbie Koenig, Pat Beh Werblin, Harold Dupre, Dr. David J. Walker, Glenda Bailey, Don Skeoch, Ton Janczur, Damon Miller, WH20, Marcia Strassman, Lacine Forbes, Velma Cato, Olivier Wilkins, Rachael Taylor, Candace Groskreutz, Claudio Blotta, Rudi Unterthiner, Penny Marshall, Seiko Matsuda, Kavita Daswani, Liza Sullivan, Marina, Marc Henri Caillard, Christine Crowe, Tamar, Victoria, Belinda di Bene, Paulo Figueiredo, Chip Gibson, Linda Friedman, Sarah, Ivan Kavalsky und Veronica DeLaurentis.

Inhalt

Einführung: Erwarten Sie Hilfe!

Die Reise, auf die Sie sich mit diesem Buch begeben, wird Sie an Orte führen, an denen Sie nie zuvor gewesen sind. Sie werden Gefühle empfinden, Möglichkeiten erahnen, von denen Sie nie geglaubt hätten, dass sie Ihnen überhaupt zur Verfügung stünden. Und Sie werden Räume in Ihrer Seele erforschen, die geradezu nach Ihrer Aufmerksamkeit hungern. Und so wird sich in Ihnen langsam die Gewissheit (nicht nur die Hoffnung oder der Glaube!) verfestigen, dass Sie Führung erhalten werden, wenn Sie darum bitten.

Das scheint Ihnen unmöglich? Nun, zumindest hört es sich so an, als würde diese Reise – wie die Grand Tour, die reiche Amerikaner des 19. Jahrhunderts durch Europa unternahmen – umfangreiche Vorbereitungen erfordern: Kleidung für jede Jahreszeit und Gelegenheit einpacken, Mittelchen gegen alle möglichen Krankheiten mitnehmen, viele verschiedene Sprachen lernen, Visa und Pässe beantragen und was man sonst noch tut, wenn man seinen vier Wänden für längere Zeit den Rücken kehrt. Vielleicht hört sich das für Sie ja richtig aufregend an. Oder ist Ihnen das doch eher ein bisschen zu viel des Guten?

Wie gut spirituelle Bücher – und Bücher über Engel im Besonderen – auch gemeint sein mögen, häufig wirken sie doch so, als wären für die meditative Reise genauso umfangreiche Vorbereitungen zu treffen wie für die vorher erwähnte Grand Tour. Manchmal brechen an den Gestaden spiritueller Literatur Fluten kosmologischer Details über uns herein, die darüber Auskunft geben, wie das Universum wirklich funktioniert, oder über die Hierarchien himmlischer (und weniger himmlischer) »göttlicher« Wesen informieren. Auf den ersten Blick scheint diese Detailgenauigkeit einem Buch mehr Glaubwürdigkeit zu verleihen. Denn wenn man viel über etwas weiß, muss es doch irgendwo auch wahr sein, oder?

Ohne meinen detailgetreuen Kolleginnen und Kollegen ihr Wissen absprechen zu wollen, möchte ich Sie doch gleich zu Beginn darauf aufmerksam machen, dass dieses Buch von Ihnen keine komplizierten Bemühungen um Visa und Pässe verlangt. Auch Fremdsprachenkenntnisse sind nicht erforderlich, um Zutritt in das Reich zu finden, das dieses Buch Ihnen offenbaren möchte. Denn wie die kleine Dorothy in *Der Zauberer von Oz* feststellte, nachdem sie das Zauberland Oz entdeckt hatte: Es hatte ihrem heimischen Kansas absolut nichts voraus. Sie hatte immer schon alles besessen, was sie brauchte – bei sich zu Hause. Nur war ihr dies vorher nicht klar gewesen.

Es mag Ihnen ein wenig merkwürdig vorkommen: Denn tatsächlich ist Oz das Land, in dem Magie, Farbe, Spannung und Spaß die Hauptrolle spielen. Es gibt dort fliegende Affen; einen Zauberer; eine sprechende Vogelscheuche; den Zinnmann; den feigen Löwen; die smaragdgrün leuchtenden Türme; die Apfelbäume, die ihre Äpfel durch die Luft werfen; eine gute Hexe in einer schillernden Luftblase und eine böse, grüne Hexe auf ihrem Besen, die hinterhältig kichert. Und Dorothy bekommt für all das nur ihre Farm im staubigen Kansas? Was ist das bloß wieder für ein seltsamer Kuhhandel? Mit rechten Dingen kann es ja nicht zugehen.

Nun, Dorothys Preis war ja weder Oz noch Kansas. Vielmehr lernte sie auf ihrer »Traumreise« das Träumen selbst. Sie fand den Mut für den wundervollsten Traum, den sie sich nur ausdenken konnte; setzte diesen dann in die Tat um; lebte darin, überwand ihre Ängste und liebte ihn. Und sie erfuhr, dass es viele Zauberländer und viele Farmen in Kansas gibt, so viele, wie sie sich eben schuf. Wir neigen dazu, die Umstände, in die wir hineingeboren werden (Eltern, Erbgut, Reichtum oder Mangel an Reichtum, Geschwister, Geburtsort, Erziehung, Nasengröße, Haarfarbe usw.) als Gefängnis zu erleben. Wir meinen, genauso in der Falle zu sitzen wie die kleine Dorothy auf ihrer Farm bzw. im Zauberland Oz (bevor sie merkte, dass sie ihren Traum jederzeit verlassen konnte).

Das ist aber nicht die Wahrheit. Begrenzungen und Ängste sind nichts weiter als Illusionen. Wunder hingegen sind keine Illusion: Sie sind Teil unseres täglichen Lebens. Unter anderem hat dieses Buch sich zum Ziel gesetzt, Ihnen begreiflich zu machen, wie frei Sie wirklich sind und wie alltäglich die Welt der Wunder ist. Natürlich will ich Sie nicht mit erhobenem Zeigefinger belehren. Ich bitte Sie nur, die Augen zu öffnen und all das für sich selbst zu entdecken.

Die Welt liegt ausgebreitet vor Ihnen wie eine festliche Tafel. Wie sehen Sie dieses Fest? In welcher Form nehmen Sie daran teil?

Erwarten Sie dieses Fest. Akzeptieren Sie, dass es für Sie da ist. Das ist der ganze »Trick«. Ich werde diese Einladung noch ein wenig weiter fassen: Erwarten Sie Hilfe! Sie werden lernen, dass dies nicht bedeutet, »Hilfe irgendwann in der Zukunft zu erwarten, wenn eine ominöse Kraft sie Ihnen gnädig gewährt«. Nein: Rechnen Sie jetzt mit Hilfe! Sie steht Ihnen bereits zur Verfügung und hat Ihnen immer zur Verfügung gestanden.

Um diese simple und universelle Wahrheit zu begreifen, ist nichts weiter nötig als innerlich ruhig zu werden und den Möglichkeiten eine offene Tür zu bieten. Wie Sie auf den folgenden Seiten sehen werden, müssen Sie einfach nur »so tun als ob«. (Damit werden wir uns später noch ausführlicher beschäftigen, für den Augenblick erlauben Sie mir nur, das Samenkorn zu setzen.)

Gedanken haben enorme Kraft. Mit ihnen erschaffen wir uns ununterbrochen selbst, mit jedem Atemzug, mit jeder Handlung, die auf unseren Annahmen und unserer Wahrnehmung der Wirklichkeit beruht. Die klischeehafte Vorstellung »Sage mir, mit wem du Umgang hast, und ich sage dir, wer du bist« ist nur zu wahr, trifft aber noch längst nicht die ganze Wahrheit, denn letztlich kann man aus jeder Lebensäußerung schließen, welche Art Mensch jemand ist. Wenn Sie die Tatsache, dass Sie selbst Mittäter sind, erst einmal akzeptiert haben, werden Sie sehen, dass hierin eine gewisse Ironie liegt (in die sich manchmal ein Hauch von Reue mischt).

Die meisten Fragen, die mir von Klienten gestellt werden, sind sehr grundlegender Natur: »Wie kann ich zu mehr Geld kommen, die richtige Beziehung finden, erfolgreich sein usw.?« Anders gesagt: »Wie bekomme ich, was ich mir wünsche?« Eine durchaus treffende Antwort auf diese Frage wäre (und hier kommt die Ironie ins Spiel): »Machen Sie einfach weiter wie bisher. Ob Sie sich nun darüber im Klaren sind oder nicht: Sie haben die Welt, in der Sie jetzt leben, selbst geschaffen und irgendein (vielleicht unbewusster) Teil in Ihnen hält sie für die Welt, die Sie verdienen. Wenn das nicht der Fall wäre, wäre es nicht die Welt, in der Sie augenblicklich leben.«

Wie aber können Sie nun diese unbewusste Selbst-Sabotage beenden? Erstens: Sie können sich die Zusammenhänge zwischen Ihrem Denken und Ihren Lebenumständen bewusst machen, eine Verbindung, die Sie bisher noch nicht zu nutzen gelernt haben. Anders gesagt: Wenn Sie sein wollen, was Sie sich wünschen, wenn Sie das Leben haben wollen, das Sie ersehnen, dann müssen Sie zuerst Ihre inneren Beweggründe untersuchen. Sie müssen sicherstellen, dass Sie nur die reinsten und ehrlichsten Absichten in die Welt hinaussenden, Absichten, die Sie vorher einer gründlichen Prüfung unterzogen haben. Jeder von uns lässt bereits jetzt seine Gedanken und Wünsche Wirklichkeit werden. Wenn wir mit dem Ergebnis nicht zufrieden sind, müssen wir daran arbeiten, uns unserer wahren Beweggründe bewusst zu werden. Erst dann können wir uns darauf konzentrieren, wie wir diese Beweggründe ändern, damit wir das, was wir wollen, auch tatsächlich bekommen. Normalerweise hindern uns daran bestimmte Ideen und Vorstellungen, derer wir uns gar nicht bewusst sind. Solche Vorstellungen können sein: »Ich verdiene nicht, was ich mir wünsche«; »Das Risiko ist viel zu groß«; »Ich muss alles selbst machen«.

Auf letzteren »selbstgeschneiderten Hemmschuh« möchte ich gleich an Ort und Stelle eingehen (die anderen Saboteure kommen später dran): die Vorstellung, wir müssten es ganz allein schaffen. Dazu ist nur schlicht zu sagen: Das stimmt nicht. Noch einfacher: Das ist überhaupt nicht möglich! Wenn Sie wüssten, wie viel Hilfe Sie bereits erhalten haben und noch erhalten werden, würden Sie sich nicht länger wie der einsame Wolf oder die einsame Wölfin in der Wildnis vorkommen.

In diesem Buch geht es um Engel. Und es geht um die enge Verflechtung zwischen der spirituellen und der materiellen Welt, in der wir alle leben, um die freudvolle Fülle des Universums und die grenzenlose Hilfe, die Ihnen zur Verfügung steht, um aus Ihnen genau das zu machen, was Sie gern sein möchten.

Letztlich ist alles ganz einfach. Sie müssen nicht mehr tun, als um das zu bitten, was Sie sich wünschen – in klarer Absicht und mit offenem Geist. Und wissen Sie, was dabei als Erstes geschehen wird? Engelschöre werden erschallen und Ihnen freudig zurufen: »Hurra! Endlich hast du das Geheimnis entdeckt!« Stellen Sie sich all die Engel vor, die mit ausgebreiteten Flügeln darauf warten, zu Ihnen kommen zu dürfen. Beim leisesten Signal, dass Sie Hilfe brauchen, schweben sie bereitwillig zu Ihnen hernieder.

1 Bitte anschnallen: Es geht los!

Gestern kam ein Engel vom Himmel zu mir.
Er blieb gerade lange genug, um mich zu retten …

Diese Worte aus einem Song von Carlos Santana drangen von irgendwoher in mein vernebeltes Gehirn, als ich aus dem Schlummer erwachte, der mich an Bord der Maschine, die von Los Angeles aus gestartet war, erfasst hatte. Ich öffnete die Augen und blickte auf die unglaubliche Schönheit von Sun Valley in Idaho hinunter, das sich unter mir erstreckte. Wie Wachen rund um ein Schloss, in dem ein großes Bankett stattfindet, säumten große, rote Felsen die Stadt.

Ich spürte das Wunder vom ersten Moment an, in dem das Flugzeug die Erde berührte: Die Luft selbst war voller Magie. Ich wusste, dass dieser Ort auf mich wartete. Und wieder hallten Worte in meinem Kopf wider: »Die Tafel ist bereitet.«

Ich wusste, dass ich eingeladen worden war, um an dieser »Tafel« etwas ganz Bestimmtes zu präsentieren, nämlich zwei Seminare zum Thema »Wie nehme ich Kontakt zu meinem Engel auf«. Ich hatte mich auf diese Veranstaltung wie üblich vorbereitet: Notizen, Geschichten, Anekdoten, Meditationen – mit einem Wort, all das, was sich in den Jahren, in denen ich mich in der Macht und Führung der Engel sonnte, angesammelt hatte. Und ich hatte vor, so viele persönliche »Engelkontakte« wie nur irgend möglich herzustellen. Die Veranstaltung, das dritte alljährliche *Sun Valley Wellness Festival*, fand im *Elkhorn Resort Lodge* statt. Eingeladen hatte mich die Veranstalterin Liz Caldwell, die mich in Los Angeles als »hellseherisch« begabten Ratgeber und Engel-Boten kennen gelernt hatte und wollte, dass ich meine Erfahrung mit den Menschen teilte, die gekommen waren, um in Sun Valley ihr spirituelles Leben zu bereichern.

Als ich am Veranstaltungsort ankam, sprachen mich sowohl die Menschen als auch der Ort selbst sofort an. Ich fühlte mich gleich unterstützt. Während der geleiteten Meditation, mit der ich die Veranstaltung begann, spürte ich im voll besetzten Raum die brodelnde Energie von Seelen, die in den verschiedenen Stadien der Öffnung begriffen waren – und sie gingen mit mir mit, begierig, die Möglichkeiten zu erkunden, die ihnen diese Erfahrung eröffnete. Es war ein freudvolles Aufeinandertreffen von Seelenenergien, eine »Seelenparty«, die um mich herum stattfand.

Als ich meine Sun-Valley-Gruppe in diese Meditation führte und den Teilnehmern die sieben Engel vorstellte, die wir zusammen erforschen würden, als ich sie bat, Ängste und Widerstände gehen zu lassen, spürte ich, wie die Herzen der Einzelnen sich öffneten. Ich spürte, dass ein mächtiger Heilungsprozess sich anbahnte, und fühlte die Gewissheit, dass er hier und jetzt stattfinden würde. Ein überwältigendes Gefühl der universellen Fülle überkam mich. Alles, was wir tun mussten, war, diese Fülle in uns hineinzulassen und so viele Vorstellungen und fixe Ideen wie möglich aufzugeben. Ich wusste – und betete, dass diese Einsicht allen im Raum zuteil werden mochte –, dass der Nutzen des Loslassens größer sein würde, als wir es uns je erträumt hatten.

Vielleicht hatten ja die Notizen, mit denen ich die Seminare vorbereitet hatte, irgendeine unterschwellige Wirkung auf mich gehabt, als ich dort stand und mehrere Stunden täglich zu den Menschen sprach. Aber ich kann mich nicht erinnern, meine Aufzeichnungen auch nur einmal zur Hand genommen zu haben. Etwas Magisches, Transzendentales ergriff von mir Besitz –

ich sprach und hörte zu, ohne mir auch nur im Entferntesten meiner selbst bewusst zu sein. Die Engel, deren Kanal ich in meiner Praxis bin, kamen mir zu Hilfe. Ihr Energiestrom war es, der frei und ungehindert durch mich floss. Viele der Gesichter von damals sind mir heute noch in lebendiger Erinnerung: die Frau zum Beispiel, deren Sohn vor kurzem gestorben war. Als ich sie sah, wusste ich sofort, dass sein Vorname Michael und sein Spitzname Bo gewesen war. Ich werde nie den erstaunten und glücklichen Ausdruck vergessen, mit dem sie der Botschaft von Liebe, Frieden und Hoffnung lauschte, die er ihr übermitteln ließ. Andere Menschen begannen, ihre Schutzengel wahrzunehmen: Manche sahen sie, andere erlebten ihre Gegenwart in einem Traum, einem Lied, einem Gedicht. So viele Verbindungen entstanden – in und zwischen den Menschen. Und alle bestärkten mich in dem Eindruck, dass ich *keineswegs* die Quelle all dessen war. Ich hatte diese Menschen nur in die Lage versetzt, Kontakt zueinander und zu ihrem höheren Selbst aufzunehmen, so dass sie ihren Sinn für die Führung der Engel entwickeln konnten. Alles, was ich war und sein kann, ist: Kanal, Verbindung, Leitung, durch die Führung und Information strömen. Das ist meine Aufgabe in diesem Leben. Jede Minute meines Lebens bin ich dafür dankbar, dass ich sozusagen ein »Telefonkabel« bin, welches die Menschen mit den Engeln verbindet. Doch letztlich ist das eine Gabe, deren Zweck es ist, sich selbst überflüssig zu machen. Mein Ziel ist es, jeden Menschen wissen zu lassen, dass die Liebe und Führung der Engel uns allen zur Verfügung steht, und zwar in jedem Moment unseres Lebens. Wir müssen uns dem nur öffnen. Und dazu brauchen wir niemanden. (Doch bis Sie sich dessen bewusst werden, stehe ich Ihnen natürlich zur Verfügung.) Meine Erfahrung in Sun Valley machte mir meine Aufgabe einmal mehr bewusst.

Dieser Mission zu dienen ist Ziel und Zweck dieses Buches: Ich möchte Ihnen zeigen, wie Sie die Weisheit der Engel in Ihr Herz und Leben hineinlassen können. Wenn Sie auch nur die leiseste Ahnung hätten, wie machtvoll und bedingungslos Sie von den Engeln um Sie herum geliebt werden, würden Sie vor Freude weinen – und dann sofort feststellen, dass Sie alles haben, was Sie brauchen (mehr als Sie sich je erträumen können), um Ihr Leben in das wundervolle Abenteuer zu verwandeln, das Sie ersehnen.

Die Seelenparty

Im Zusammenhang mit Engeln benutze ich sehr häufig das Wort »Überfluss«, weil es ihre überströmende Energie und ihre unendliche Vielfältigkeit betont. Doch welcher Begriff könnte schon ihre intensive, lichtvolle, grenzenlose, freudige und großzügige Natur beschreiben? Unsere Sprache ist dafür viel zu linear. Worte können immer nur mitteilen, wie A sich zu B verhält und B zu C. Das Reich der Engel aber ist zeitlos, voller Fülle und multidimensional. Es weist Ebenen auf, die Sie fühlen müssen, um sie wahrhaft verstehen zu können. Der einzige mir bekannte Weg zum wirklichen Verständnis beginnt damit, dass wir uns ihrem Einfluss und ihrer Liebe öffnen. Wir müssen nichts weiter tun (und das gilt für jeden von uns), nur unseren Widerstand gegen diesen Einfluss aufgeben. Engel haben uns so viel zu sagen. Die ganze Welt würde Heilung erfahren, wenn »sie«, das heißt »wir«, ihren Rat beherzigen würde.

Aber denken Sie daran: Es geht hier um eine »Seelenparty«! An einem bestimmten Punkt versuchte ich, meiner Gruppe in Sun Valley zu beschreiben, wie sich die Hilfe der Engel anfühlt: »Stellen Sie sich vor, Sie verbrächten einen Tag in Disneyland.« Engel sind Boten der Freude. Sie sind keineswegs die pastellfarbenen, sanft lächelnden kleinen Wesen, die wir auf kitschigen religiösen Bildern so häufig sehen. Sie sind wunderbar, genial und aufregend. Und sie bringen uns unendliche Liebe entgegen. Sie sind eins mit ihren ebenso beglückenden wie wichtigen Botschaften. Sie sind wie ein konzentriertes Auflodern von Freude.

Sie »hören« einen Engel auch nicht wirklich, wenn nicht irgendetwas in Ihnen sich anfühlt, als wäre ein wärmendes Licht entzündet worden.

Woher ich das alles weiß? Und weshalb ich mir dessen so sicher sein kann? – Was spirituelle Phänomene angeht, habe ich nie auch nur den Schatten eines Zweifels gehegt. Wenn etwas wahr ist, wird es sich auch als wahr erweisen. Sie müssen diesem »Beweis« nicht nachlaufen. Wenn Sie als Mensch Farben sehen können und jemand sagt Ihnen die Namen der Farben, dann muss Ihnen niemand beweisen, dass an einem strahlenden Junitag der Himmel blau ist. Die Wahrheit ist offensichtlich. Sie braucht keinen Beweis. Dasselbe gilt für Engel: Wenn Sie sie in Ihr Herz, Ihren Geist und Ihr Leben lassen, werden die Engel Ihnen helfen, Ihr Leben zu verändern. Bitten Sie um Hilfe bei dieser Transformation und warten Sie dann ab, was geschieht.

Wenn Sie den Weg für sie frei gemacht haben, werden Sie mehr engelhafte Kraft, Liebe und Wahrheit erfahren, als man Ihnen je »beweisen« könnte. Ihr Beweis ist die Erfahrung – und die Erfahrung wartet auf den Moment, in dem Sie bereit sind, sie zu machen. Das bedeutet nicht, dass wir nicht manchmal außerordentliche Anstrengungen unternehmen, um vor der Wahrheit die Augen verschließen zu können. In der Geschichte der Menschheit gibt es genügend Beispiele für diese absichtliche Blindheit – ein Leugnen, das von Furcht gespeist wird, dem größten Feind der Wahrheit. Doch mit Hilfe Ihres Engels werden Sie erkennen, dass alle Furcht nur Illusion ist. Vielleicht sollten Sie damit beginnen, dass Sie die folgenden vier Worte »chanten«, das heißt leise vor sich hin summen: »Furcht ist eine Lüge.« Tun Sie es, auch wenn Sie noch nicht so richtig daran glauben können. Denn am Ende wird auch die Wahrheit dieses Satzes einfach offensichtlich sein.

Wenn Menschen ein spirituelles oder religiöses Leben ablehnen, so hat mich das immer betroffen gemacht, weil ich das als etwas ausgesprochen Trauriges und Unsinniges erlebe. Das gilt nicht nur für Menschen, die sich selbst von einer Welt abschneiden, in der es mehr gibt als nur den materiellen Aspekt. Schlimm ist es auch, wenn ein Vertreter irgendeiner Glaubensrichtung versucht, seine Einsichten jemand anderem aufzudrängen. Denn so gelehrt der religiöse »Experte« auch sein mag, bisher vermochten logische Beweisführungen noch nie, nichtgläubige Menschen auch nur ein Jota von ihrer Einstellung abzubringen. Die Wahrheit kommt von selbst ans Licht, wenn wir aufhören, ihr Steine in den Weg zu legen. Ich muss Ihnen ja auch nicht sagen, dass der Himmel blau ist. Um das festzustellen, brauchen Sie schließlich nur den Kopf in den Nacken zu legen.

Ich möchte also gleich zu Beginn eines betonen: Dieses Buch hat nicht die Absicht, ganz bestimmte (religiös oder anderweitig gefärbte) Sichtweisen von Engeln zu verbreiten bzw. dagegen anzugehen. Ich habe in dieser Hinsicht keinerlei Ambitionen. Ich tue einfach nur, was ich kann: Ich gebe die Informationen, welche diese wunderbaren Wesen mir auf verschiedenste Weise zukommen lassen, weiter. Der Wahrheitsgehalt dieser Informationen – oder der Spekulationen, die ich aufgrund der erhaltenen Botschaften anstelle – wird für Sie entweder klar auf der Hand liegen oder nicht. Wenn Ersteres der Fall sein sollte, so ist das Einzige, was mich interessiert, die Tatsache, ob diese Informationen Ihnen helfen. Ist das nicht der Fall, so haben Sie ja immer noch einen gewissen Unterhaltungswert beim Lesen. (Aber geben Sie bitte nicht zu früh auf!)

Wenn wir unsere Widerstände fallen lassen, ist dies zu Anfang vielleicht ein wenig Furcht einflößend, letztlich aber erwächst uns daraus eine ungeheure Erleichterung! Ich bitte Sie also, Ihre Ängste und Ihren Ärger gehen zu lassen, sobald sie auftauchen, vor allem aber dann, wenn sich in Ihnen jene Stimme erhebt, die ihre Sätze immer mit »Aber ...!« beginnt. Lassen Sie alle Gedanken, Gefühle oder Einfälle einfach nur zu. »Hören« Sie ihnen zu. Versuchen Sie nicht, sie wegzuerklären. Tun Sie einfach gar nichts! Lassen Sie einfach nur Raum für die Gedanken, die kommen. Wenden Sie sich Ihren Gedanken zu wie besonders lieben Gästen: Seien Sie höflich. Halten Sie sich mit harschen Urteilen zurück. Nur so bleiben sie im Fluss. Dabei werden Sie schließlich ein ziemlich klares Gefühl dafür entwickeln, welche der »Gäste« Ihnen willkommen sind, weil sie »wahr« sind. Und Sie werden im Äther Ihrer Gedanken Ordnung schaffen. Nicht nur, weil Sie möchten, dass die Wahrheit sich zeigt, sondern auch, weil Sie Platz für die Botschaften Ihrer Engel brauchen.

Die Gegenwart der Engel spüren zu können ist eine wunderbare Erfahrung voller Lebendigkeit und Fülle. So als würde man das Radio einschalten, um einzufangen, was sich so im spirituellen Äther tummelt: echte Psycho-Thriller, perlendes Gelächter, erstaunliche Problemlösungen, liebende Unterstützung. Das hört sich vielleicht alles ein wenig verrückt an, aber dem ist nicht so. Der Frieden der Engel entspringt einer absolut bedingungslosen Liebe, einer Stille, die auf geheimnisvolle Weise in den Engeln wohnt und auf etwas antwortet, was tief in unseren Herzen verborgen ist. »Von außen« betrachtet mag der Kontakt mit den Engeln von freudvoller und produktiver Aktivität erfüllt sein. Doch dahinter steckt immer eine tiefe Stille.

Was Engel sind – und was sie nicht sind

Viele Menschen halten Engel für eine Art Menschenwesen mit rosaroten Flügeln, deren mattes Lächeln kaum jemanden hinter dem Ofen hervorlockt. Und sogar diejenigen, die an Engel glauben, sehen in ihrem Schutzengel (wir alle haben einen) so etwas wie ein der Natur nachempfundenes Abziehbild, das transzendente Abbild einer besonders lieben Tante oder vielleicht auch der Großeltern. Vielleicht hegen wir auch das Gefühl (oder wollen einfach glauben), dass jene hilfreichen Geister die Seelen von verstorbenen Lieben sind. Der Schmerz um ihren Verlust lässt uns hoffen, dass sie uns nun als Engel spirituell zur Seite stehen.

Seelen, die von uns gegangen sind, können einen wesentlichen und wohltuenden Einfluss auf unser Leben ausüben: Es ist gut möglich, dass Sie die Präsenz eines lieben Verstorbenen fühlen können. Doch ihre Gaben erwachsen aus menschlichen Seelen, die von einem Zustand in den anderen übergehen. Ihre Führung ist sehr persönlich, da sie einem Leben entstammt, das mit ganz bestimmten Lektionen gefüllt war und in dem sich bestimmte Vorlieben herausgebildet haben. Es handelt sich dabei um eine Art konzentrierter Aufmerksamkeit, die wir von niemand anderem bekommen können. Engeln aber haftet nichts Menschliches an – sie verfügen daher auch über keine menschliche Vergangenheit, die sie ablenken und beeinflussen könnte. Sie flößen uns tiefes Vertrauen und ein Gefühl der Nähe ein, doch ihre wichtigste Funktion ist es, uns die Botschaften zukommen zu lassen, die wir brauchen. Sie sind unendlich anpassungsfähig und von quecksilbriger Beweglichkeit. Und trotzdem ist in ihrem Wesen etwas Unwandelbares, das in ihrer bedingungslosen Liebe zu uns begründet liegt. Sie sind, was und wo sie sein sollen: erreichbar für das menschliche Bewusstsein, doch gleichzeitig mit spirituellen Welten verbunden, die wir ohne ihre Hilfe nicht erreichen können. Ihr Dasein ist in menschlichen und göttlichen Bereichen zugleich verankert.

Auf den Unterschied zwischen Engeln und lieben Verstorbenen weise ich aus einem ganz bestimmten praktischen Grund hin. Ich persönlich hatte eine Reihe von (anfangs erschreckenden) Begegnungen mit verschiedenen spirituellen Präsenzen und musste erst lernen, dass nicht jede davon es wert ist, beachtet zu werden. Anders gesagt: Ich habe die Erfahrung gemacht, dass nicht jede Stimme in meinem Kopf ein Engel ist.

Das bedeutet natürlich nicht, dass »da draußen« die Gestalten aus der Addams Family darauf lauern, in Sie einzudringen. Jeder von uns hat die angeborene Fähigkeit, »gute« spirituelle Einflüsse von »bösen« zu unterscheiden. Präsenzen, die uns Kummer bereiten, sind fast immer Seelen von Verstorbenen, die ihren Weg vom Reich des Physischen in das des Spirituellen noch nicht vollständig zurückgelegt haben. Ihre Ängste übertragen sich auf Menschen, die dafür empfänglich sind. Unsere Erfahrungen mit diesen Seelen enthalten fast immer einen Hauch von Verzweiflung, Ärger oder Bitterkeit. Nach einer solchen Begegnung empfinden wir meist mehr Unglück und Verwirrung als vorher. Wenn Sie sich aus einem solchen Gefühl lösen möchten, müssen Sie diesen Präsenzen nur Lebewohl sagen. So einfach ist das.

Engel nämlich sind wirklich voller Freude und Liebe. Wenn die Begegnung mit einem Engel Sie verwirrt (was gar nicht so selten vorkommt), liegt das fast immer daran, dass der Engel Sie mahnt, etwas anzustreben, das Ihnen mehr Freude und Glück beschert, oder dass er Sie drängt, etwas ehrgeiziger zu sein und sich Ziele zu stecken, die Sie zuvor nicht anzugehen wagten. Das Gefühl, geliebt und unterstützt zu werden, nimmt immer zu und niemals ab, wenn man es mit Engeln zu tun hat. In der Gegenwart eines Engels gibt es nicht den leisesten Hauch von Negativität, nur Freude.

Auf der spirituellen Ebene besitzt jeder von uns etwas, das Hemingway als wertvollstes Werkzeug des Schriftstellers bezeichnete, nämlich »ein untrügliches Gefühl für Scheiße«. Wenn irgendetwas in Ihrem Bauch Ihnen sagt, dass das, was sie hören oder denken, sich falsch und gezwungen anfühlt oder irgendwie nicht funktioniert, dann können Sie davon ausgehen, dass dieses feine Stimmchen Ihnen zu Recht mitteilt, dass es »Scheiße« ist. Dasselbe gilt für spirituelle Eindrücke, vor allem, wenn sie von Angst oder anderen negativen Gefühlen begleitet sind. Durchtrennen Sie so schnell als möglich das Band zwischen sich und dieser negativen Kraft, und zwar möglichst vollständig. (In so einem Fall funktioniert der altbekannte Rat »Sag einfach nein« wirklich gut.) Zur Wiederholung: Wenn die spirituelle oder außersinnliche Wahrnehmung »wahrhaftig« ist und von einem Engel stammt, werden Sie das wissen. Und ist das nicht der Fall, so wissen Sie es ebenfalls. Sie spüren das aus ihrem Bauch heraus.

Natürlich: Wenn die Wahrheit immer so einfach zu erkennen wäre, müssten wir uns darum viel weniger Gedanken machen. Und wenn die Wahrheit über Engel auf einfacheren, konventionelleren Wegen verfügbar wäre, hätten wir Engel nicht zu Weihnachtsdekorationen und Protagonisten von Fernsehserien gemacht. Stattdessen würden wir sie offen in unser Leben aufnehmen – als sehr wirkliche Gegenwart.

Aber einige Einsichten erschließen sich uns eben nur sehr langsam. Alle wirklich wichtigen Erkenntnisse werden meist Schritt für Schritt gewonnen. Dabei fällt mir zum Beispiel meine Kindheit mit ihren so deutlich erkennbaren außersinnlichen Erfahrungen ein, die – wie ich Stück für Stück entdeckte – keineswegs jedem zur Verfügung standen. Ich versuchte daher, diese Erfahrungen möglichst zu verbergen. Meine Fähigkeiten waren mir eine Last, nervtötende (wenn auch manchmal nützliche oder lukrative) Eindrücke, die auf meinem geistigen Schirm aufblitzten und mich vermutlich eher in die Nervenklinik als ins Rampenlicht öffentlichen Interesses bringen würden. Ich wurde durch sie zum Einzelgänger, was mir gar nicht gefiel. Ich wollte nicht immer wissen, was ich wusste.

Meine Geschichte

Ich war für die Energien um mich herum immer schon außergewöhnlich empfänglich. Von frühester Kindheit an war ich mir bestimmter Präsenzen bewusst, die ich fühlen, aber nicht sehen konnte. Einige davon waren negativ, andere positiv. Ich lernte, diese Erfahrungen weitgehend für mich zu behalten. Ich erinnere mich noch, wie ich in der Grundschule einen Jungen ansah und sofort wusste, dass er nicht alt werden würde. Und ein paar Jahre darauf starb er tatsächlich. Wenn ich mit meiner Familie unterwegs war, sah ich Farbschichten und Licht um die Menschen herum. Das war noch in der Zeit, bevor ich bemerkte, dass nicht jeder sah, was – wie ich später erfuhr – Geistwesen waren. Als ich einmal mit meiner Familie meine Stiefgroßmutter in Tennessee besuchte, schlief ich in einem Zimmer im Obergeschoss ein und erwachte, weil ich fühlte, wie sich zwei Hände um meinen Hals legten! Am nächsten Morgen erzählte sie uns von ihrem Ehemann, der erst kürzlich im Haus verstorben war. Es war ziemlich klar, dass es sein nicht zur Ruhe gekommener Geist war, mit dem ich Bekanntschaft gemacht hatte. Von diesen Erlebnissen berichtete ich nur meiner Schwester, da ich wusste, dass sie es für sich behalten würde.

In meiner Jugend sah ich manchmal Dinge voraus, die sich im Leben von Menschen ereignen würden, die wir kannten oder gesehen hatten – hin und wieder erzählte ich meiner Mutter davon. Später erfuhren wir meist, dass ich Recht gehabt hatte. Doch diese Vorahnungen empfand ich nie als Gabe oder nützliche Fähigkeit. Ganz im Gegenteil: Ich versuchte, wo immer ich konnte, ihnen zu entkommen. Eine meiner Ablenkungen war das Schwimmen. Für mich war es buchstäblich lebensrettend, da wir so häufig umzogen, dass ich nie ein Heimatgefühl entwickeln konnte. Schwimmen aber war etwas, was ich überall tun konnte, etwas, das mich beruhigte, mich in eine Art Trance versetzte. Heute weiß ich, dass das eine meiner ersten Meditationserfahrungen war. Strecken von zwei Kilometern waren damals gar nichts für mich. Ich trainierte mit Sherm Chavoor, der mit so großartigen Sportlern wie Mark Spitz, Debbie Meyer und Mike Burton arbeitete. Ich hatte etwas gefunden, das mir einfach lag. Das Schönste war, dass ich mich dabei völlig aus dem Alltag ausblenden konnte. Ich schwamm viereinhalb bis fünf Stunden täglich und spürte, wie ich »abtauchte«, manchmal so gründlich, dass mich, wenn ich hinterher zur Schule ging, viele Lehrer fragten: »Hallo, Gary! Sag mal, wo bist du nur mit deinen Gedanken?« Es hört sich vielleicht komisch an (Ich bin sicher, dass ich damals häufig den Kopf in den Wolken hatte wie ein echter »Flieger«.), aber heute denke ich, dass ich wirklich »woanders« war, in einer

Art außersinnlichem Raum in mir selbst, der jenseits der normalen Wahrnehmung lag. Es war, als würde die meditative und übersinnliche Kraft, die ich besaß, sich ihr eigenes Leben schaffen. Da ich mich weigerte, sie zu steuern, lenkte sie mich. Damals merkte ich nicht, dass ich langsam immer besser darin wurde, meinen Körper zu verlassen. Dass dies beim Schwimmen geschah war für mich so normal wie das Atmen. Trotzdem war ich mir nicht bewusst, dass ich in mir die Kanäle für künftige Botschaften und paranormale Wahrnehmungen öffnete.

Ich war von der »wirklichen Welt« nicht vollkommen abgeschirmt. Als ich älter wurde, erlebte ich immer wieder, dass, wenn ich an diese oder jene Berühmtheit dachte bzw. ihr Bild sah, diese Person plötzlich vor mir stand. Ich studierte in Los Angeles und quasi über Nacht überfielen mich diverse Ideen zu neuen Geschichten für die damals berühmte Serie *Laverne & Shirley*. Ich träumte sie regelrecht und siehe da, nur ein paar Tage nach diesen »Visionen« lernte ich auf einer Sportveranstaltung für Stars *(Battle of the Network Stars)* in Mission Viejo einen der Stars dieser Serie kennen, Penny Marshall, und ihren Mann, Rob Reiner. Kurz darauf wurde ich zum jüngsten Drehbuchautor im Team. Natürlich trifft man, wenn man in Los Angeles lebt, immer wieder Prominente (Los Angeles bringt am laufenden Band Berühmtheiten hervor!), aber ich bin davon überzeugt, dass meine verschiedenen Treffen, Meetings, Freundschaften oder Arbeitspartnerschaften mit Stars einzig auf meine Fähigkeit zurückgingen, das herbeizuführen, was ich mir wünschte. Und so lernte ich nacheinander kennen: Henry Winkler und Erin Moran (am Set der Serie *Happy Days*; Erin und ich trugen äußerst schlechte Interpretationen von Sonny und Chers *I Got you, Babe* vor), Farrah Fawcett, Stefanie Powers, Flip Wilson, Phyllis George, Carrie Fisher, Teri Garr, Carol Kane, Marilu Henner, Lucille Ball und Milton Berle. Ich hatte mit einer Macht Bekanntschaft geschlossen, von der ich heute weiß, dass jeder sie besitzt: Wir rufen immer ins Leben, was wir wirklich wünschen. Die Betonung liegt jedoch auf *wirklich*, denn sehr häufig ziehen wir eben das an, was wir unbewusst oder heimlich erwarten bzw. zu verdienen glauben, und keineswegs das, was wir nach außen hin zu wünschen behaupten. Diese Entdeckung macht nicht immer glücklich. Doch in welchem Ausmaß wir alle unser Leben selbst erschaffen und dem, was wir wirklich ersehnen, Gestalt verleihen, wurde mir erst viel später bewusst. Wenn wir diese erstaunliche seelische Kraft unter Kontrolle bekommen wollen, müssen wir uns über unsere geheimen Ängste und Wünsche klar werden, so dass wir unsere wahre Motivation erkennen können. Erst dann beginnen wir, unsere schöpferischen Kräfte langsam zu beherrschen. (Wie wir diese entscheidende Aufgabe meistern, das ist das zentrale Thema dieses Buches.)

Obwohl ich diese Fähigkeit anfangs eher unbewusst trainiert hatte (während der langen Jahre des meditativen Schwimmens), war mir doch mit Anfang zwanzig klar, dass ich die Fähigkeit hatte, Menschen und Erfahrungen, die ich brauchte, in mein Leben zu holen. Wenn ich etwas klar vor mir sah und es mir reinen Herzens wünschte, dann bekam ich es auch. So einfach war das.

Ich musste also an diesem Punkt meines Lebens auch eine Art geistiger Erziehung gewünscht haben, denn ich fühlte mich plötzlich von verschiedenen spirituellen Lehrern angezogen und begann, von ihnen zu lernen. Zuerst war da die Geistliche Polette Carabel, in deren Haus ich zum ersten Mal die Schwingungen der Engel fühlte. Sie versetzte mich in einige meiner früheren Leben zurück, die mir zeigten, welche Art von Karma (Lebenserfahrung) in diesem Leben auf mich warten würde. Ich hatte mich immer gefragt, weshalb ich so unglaublich viele Schauspielerinnen kennen gelernt hatte. Heute weiß ich, dass ich in einem meiner früheren Leben ein Priester war, der vielen mächtigen Frauen als Beichtvater gedient hatte. Irgendwie war mein Leben in Los Angeles eine Fortsetzung dieser Erfahrungen.

Zunächst war ich Assistent mehrerer Stars und wurde schließlich sogar Manager – und langsam wurde ich als Agent mit übersinnlichen Fähigkeiten bekannt. Ich begann damals schon, Informationen zu channeln, die andere Menschen bei ihrer Karriere halfen oder sie auf andere Weise vorwärts brachten. Und ich wusste von Anfang an, dass ich nicht die Quelle dieser Art von Weisheit war: Ich war schlicht und einfach der Kanal, durch den diese Information zu den anderen Menschen gelangte. Ich erinnerte mich oft nicht einmal mehr, was ich zu den Menschen gesagt hatte, denen ich ein so genanntes *Reading* (»Abfrage« von Botschaften seiner Schutzengel) gegeben hatte, was bedeutete, dass ich für sie Information aus der »anderen« Welt holte. Es war einfach nicht wichtig, dass ich es gewesen war, der diese Informationen weitergegeben hatte. Was zählte, war einzig und allein die Tatsache, dass die Person, zu deren Unterstützung sie gedacht war, sie erhielt.

Und dann ging ich nach Paris. Die Gelegenheit dazu erhielt ich, als Michel, einer meiner Freunde, mich bat, ihn als Assistent auf einer Reise durch die Antiquitätenläden und -märkte zu begleiten. Ich war überglücklich: Zwar hatte ich noch keine Ahnung, wie man das Leben anderer Menschen organisierte, doch dass ich es in Paris lernen sollte, war einfach wundervoll! Natürlich sagte ich sofort zu.

Als ich am Flughafen Charles De Gaulle aus dem Flugzeug stieg, spürte ich gleich diese besondere Energie. Ich wusste plötzlich, dass ich hierher gehörte. Ich kannte Frankreich, in gewisser Weise empfand ich es als Heimat, und dies, obwohl ich nicht einmal die Sprache beherrschte. Ich war nichts weniger als frankophil. Die Erkenntnis, hierher zu gehören, speiste sich aus weit tieferen Quellen. Der Geist dieses Landes ließ in mir bestimmte Saiten erklingen. Ich war nicht nur absolut sicher, dass ich vor langer Zeit bereits hier gewesen war, sondern auch, dass ich jetzt aus einem ganz bestimmten Grund im Land war. Ich war zur rechten Zeit am rechten Ort.

Diese Gewissheit hatte etwas Atemberaubendes. Und sie war für mich ein gutes Training in paranormaler Wahrnehmung, da ich so lernte, meinen Intuitionen zu vertrauen, auch jenen, die mich in unbekanntes Terrain lockten. Und obwohl ich Frankreich auf einer tieferen Ebene sehr gut kannte, gab es doch eine Menge für mich zu entdecken. Nicht nur, dass ich kein Französisch sprach, ich kannte auch keine Menschenseele im ganzen Land und hatte nicht die geringste Ahnung, was ich lernen oder tun sollte. Ich war mir nur sicher, dass der Zweck meines Aufenthaltes sich mir früher oder später enthüllen würde. Alles, was ich tun musste, war, in meiner inneren Haltung nicht nachzulassen, offen zu bleiben und den »Anwandlungen« meines Herzens zu vertrauen, mit einem Wort: mich auf die Reise einzulassen.

Und tatsächlich wurde es eine magische Reise: Ich lernte Michels Eltern kennen (wir wohnten bei ihnen in der wunderbaren Avenue Foch), traf die Frau, die später meine Anwältin und Vertraute wurde (Maha Dib; wir wussten beide sofort, dass wir uns aus einem früheren Leben kannten), und trat im renommierten Club *Le Palace* auf, und zwar mit einem Part aus dem Musical *Grease*, den ich schon in Los Angeles gesungen hatte. Dies wiederum trug mir einen Schallplattenvertrag mit Mahas Cousin ein, einem Manager von *Delphine Records*. (Später, als ich in einem professionellen Studio mit einem Komponisten an einem Song arbeitete, wurde mir bewusst, dass ich einen schwarzen Sänger channelte, den ich früher in New Orleans gekannt haben musste.) Und wie ich mich auf diesen Aufenthalt einließ. Fast alles, was ich hörte, sah, berührte, schmeckte oder roch, jeder Mensch, mit dem ich sprach, hatte nicht nur eine bestimmte Bedeutung auf der Ebene der realen Welt, sondern gab mir auch Gelegenheit, meine außersinnlichen Fähigkeiten besser kennen zu lernen. Mein Vertrauen in diese Gaben wuchs Schritt für Schritt. Und endlich erlebte ich sie nicht mehr als Fluch.

Ich möchte das Ganze für Sie ein wenig abkürzen. Die Erlebnisse in Paris sowie eine Reise zu Freunden nach Rom stärkten in mir die Gewissheit, dass ich nach Europa gekommen war, um die Identität meiner Seele zu entdecken und ihre Kraft schätzen zu lernen. So sollte ich mich selbst schätzen lernen; mein Selbst aus karmischen, früheren Tagen und die Fähigkeiten, die ich in dieses Leben mitgebracht hatte. Ich glaube, dass es stimmt, dass wir Liebe weder geben noch empfangen können, bevor wir nicht gelernt haben, uns selbst zu lieben. Damals wusste ich nicht, dass dies die Lektion war, die ich zu lernen hatte. Klar wurde mir das alles erst, als ich Notre Dame besuchte.

Als ich die große, alte Kirche betrat, setzte ich mich zuerst in eine Bank, weil ich hören wollte, was dieser Ort zu sagen hatte. Ich hatte mich in Frankreich wirklich zu Hause gefühlt, aber jetzt spürte ich eindeutig, dass ich »nach Hause gekommen« war. Ich zündete eine Kerze an und nahm wahr, wie mich der Ort willkommen hieß: ein Gefühl friedlichen, tiefen Verwurzeltseins. Das Ganze fühlte sich einfach »richtig« an. Ich war ganz entschieden dort, wo ich hingehörte.

Mit dem Schallplattenvertrag im Rücken fühlte ich, dass ich mein Leben nach Paris verlegen sollte. Ich kehrte noch einmal nach Los Angeles zurück, um dort alles zu ordnen: verschiedene Dinge zu erledigen, sozusagen »die losen Enden zu verknüpfen«, doch immer schwebte mir dabei das magische Bild der leuchtenden Stadt Paris vor Augen, weil ich wusste, dass ich dorthin zurückkehren würde. Und sobald ich in Los Angeles alles zu Ende gebracht hatte, tat ich das auch. Ein großer Teil meiner guten Stimmung hatte natürlich mit dem Vertrag mit *Delphine Records* zu tun. Ich war sicher, dass er den Beginn meines wahren Pariser Lebens darstellte. Doch mein erster Anruf bei der Gesellschaft bescherte mir entsetzliche Neuigkeiten: Man sagte mir, der Vertrag käme nicht zustande. Tatsächlich war das Projekt längst gestorben.

Was sollte ich nun tun? Ich war mit wenig Geld nach Paris gekommen und hatte mich auf den Vertrag mit der Plattenfirma verlassen. Nun löste sich der ganze Plan – und damit meine

Hoffnung auf Sicherheit – in nichts auf. Das brachte mich wirklich ins Schleudern. Verzweifelt suchte ich nach innerer Führung. Drei Wochen lang kehrte ich jeden Tag nach Notre Dame zurück und betete um ein Zeichen, was ich als Nächstes tun sollte. Weshalb war ich so sicher gewesen, dass Frankreich der richtige Ort für mich war, wenn nun für mich alles so schlecht aussah? Hatte ich einen Fehler gemacht?

Dann, am dritten Tag der dritten Woche, hatte ich plötzlich eine Vision, die mein ganzes Leben veränderte. Ich saß ganz allein in der Bank. Nur eine alte Frau in der Ecke murmelte betend vor sich hin. An einem schönen Apriltag wie diesem war es völlig ungewöhnlich, dass um drei Uhr nachmittags kein Mensch in der Kathedrale war. Etwas veranlasste mich, nach oben zu sehen. Von der Decke von Notre Dame stürzte ein Wirbel purpurnen Lichts auf mich herab und hüllte mich ein. Rund um mich sah ich plötzlich zwischen fünf und sieben Engel tanzen. Sie wirbelten um mein Gesicht herum und ließen mir telepathische Botschaften zukommen. Sie sagten mir, ich solle Vertrauen in den Zweck meiner Reise nach Frankreich haben, denn mein Hiersein sei kein Zufall. Mein Schutzengel, der Erzengel Michael, stellte sich mir vor, indem er mir seinen Namen sagte. Auch er versicherte mir, dass alles seine Ordnung habe. Ich war sehr ängstlich, weil ich fast kein Geld hatte und bei meinen Freunden höchstens noch eine Woche bleiben konnte. Doch die Engelenergie war unglaublich – warm, strahlend und kraftvoll. Sie hielt mich aufrecht und tauchte mich in eine Welle der Ruhe.

Danach kehrte ich in mein Apartment zurück. Kaum hatte ich die Tür geöffnet, begann das Telefon zu klingeln: Ein Freund namens Xavier rief an, um mir zu sagen, er wisse, wo ich umsonst wohnen könne. Auch der Rest meines Frankreichaufenthaltes spielte sich so ab: Die Dominosteine fielen immer im richtigen Moment auf die richtige Weise in die richtige Richtung. Bald wurde mir klar, dass ich nicht in Frankreich war, um zu arbeiten (wie ich zunächst gedacht hatte), sondern um die Prinzipien von Vertrauen und Liebe kennen zu lernen, sie anzuwenden und zu vervollkommenen. Zu diesem Zweck suchte ich regelmäßig Verbindung zu meinen Führern und bat sie um Hilfe.

Seit diesem Zeitpunkt hat der tiefe Friede, den die Engel in mein Herz brachten, mein Leben vollkommen verändert. Ich weiß, dass die Engel sich mir nur deshalb zeigten, weil ich ganz und gar bereit war für sie. Ich hatte mein Herz geöffnet und vertrauensvoll darauf gewartet, dass für mich gesorgt werde. Sie gaben mir mehr als nur die Sicherheit, dass mein Frankreichaufenthalt kein Fehler war und dass mein Leben den Weg nahm, der ihm bestimmt war. Sie beruhigten nicht nur meine Ängste und Zweifel. Irgendwie wusste ich, dass sie mich auf den nächsten wichtigen Schritt in meinem Leben vorbereiteten.

Sie bereiteten mich auf meine Lebensaufgabe vor, die ich langsam zu verstehen und anzunehmen lernte. Nun war mir klar, was ich in Frankreich und speziell in Notre Dame zu tun hatte. Die eifrigen, liebevollen Engel brauchten meine Hilfe – so wie wir die ihrige brauchen. Sie wollten, dass ich das »Wort« verkünde. Heilung – Freude – Erleuchtung – Erfüllung – Begeisterung – Sinn – Liebe: Alles, wonach wir uns sehnen, steht uns in weit größerem Umfang zur Verfügung, als uns bewusst ist. Was die meisten von uns brauchen, ist nur ein sanftes Wachrütteln. Wenn wir dann die Augen öffnen, erblicken wir die grenzenlose Führung und Liebe, die uns die Engel so gern zuteil werden lassen möchten. Und wir lernen, ihr zu vertrauen und sie anzuwenden.

Plötzlich wusste ich, was sie von mir wollten: Das Wachrütteln gehört zu meinen Aufgaben. Das hieß nicht, dass ich eine Jüngerschaft um mich sammeln oder lautstark die Werbetrommel rühren sollte. Ich sollte nur tun, was ich eben jetzt tue: offen bleiben; an Sie weitergeben, was ich empfange, und beten, dass Sie die Reise genießen mögen. Bitte schnallen Sie sich an!

Die Engel erledigen den Rest.

2 Den Weg frei machen

Wie Sie Zugang zur »Engelenergie« erhalten
(auch wenn Sie nicht an Engel glauben!)

Die Lektionen, die uns weiterhelfen, kommen augenscheinlich nicht nur, weil wir sie brauchen, sondern auch, weil wir für sie empfänglich geworden sind. Zumindest kam auf diese Weise mein Schutzengel zu mir. Wie Sie aus der vorangehenden Geschichte ersehen können, wuchs meine eigene Offenheit gegenüber diesen Dingen langsam. Als Kind schien meine übersinnliche Gabe quasi aus dem Nichts zu kommen. Die Tatsache, dass ich Dinge sah und fühlte, die andere nicht wahrnehmen konnten, war für mich erschreckend. Da ich bald lernte, wie »abnorm« es für andere Menschen war, dass ich bestimmte Aspekte der Zukunft vorhersehen oder ihre Gedanken lesen konnte, verheimlichte ich meine Fähigkeiten weitgehend. So dauerte es Jahre, bis ich dieses »Geschenk« verstehen und akzeptieren konnte. Teilweise wurde ich zu diesem Lernprozess regelrecht gezwungen: Wenn ich mich weigerte, meine Energien bewusst einzusetzen, wandelte sich meine Begabung vom Segen zum Fluch. Bin ich außer mir und habe den Kontakt zu meiner Mitte verloren, zu der stillen Stimme in mir, dann funktionieren Computer und Faxgeräte in meiner unmittelbaren Umgebung nicht mehr, Glühbirnen gehen aus und rund um mich breitet sich eine Art Chaos aus. Wenn ich mich dann beruhige und den

Kontakt zu meiner inneren Führung wieder aufnehme; sobald ich das Vertrauen in meine Fähigkeit, die Engel zu »hören«, wiedergewonnen habe, spiegelt sich das im Außen unmittelbar wider. Je stärker ich mich in diesen meditativen, rezeptiven Zustand versetzen kann, desto klarer wird mein Weg. Und eben diese größere Empfänglichkeit ermöglichte es mir in der Kathedrale von Notre Dame, die Quelle meiner Gaben zu erkennen. Die Engel kamen auf mich zu in einer Säule von strahlend purpurfarbenem Licht, weil etwas in mir – in diesem Augenblick – bereit war, sie zu sehen, zu empfangen.

Warum aber wählten sie genau diesen Augenblick, warum kamen sie nicht eine Stunde davor oder eine Woche später? Schließlich war ich drei Wochen lang jeden Tag in die Kathedrale gekommen und hatte um Führung gebetet. Warum hatte ich diese Vision nicht schon früher? Nun, ich war für ihre Hilfe erst offen, als ich *aufgehört* hatte, voll innerem Drang zu beten und Hilfe in einer ganz bestimmten Form zu erwarten. Erst als ich fähig war, meine vorgefassten Ideen, wie diese Hilfe auszusehen hatte, *loszulassen* – erst da wurden meine Engel für mich sichtbar und ich lernte ein Gefühl von strahlender Heiterkeit, Liebe und Hoffnung kennen. Mit diesem Gefühl ging eine klare Vorstellung einher, was als Nächstes zu tun war. Ich hatte den Engeln einfach einen passenden »Landeplatz« bereitet. Ich blockierte sie nicht mehr mit meinen Forderungen, die einzig aus Angst entstanden. Ich war einfach, wie ich war, ohne Erwartungen und ohne Bitten. Oder – um es in den Worten auszudrücken, die ich häufig meinen Klienten gegenüber gebrauche –, ich gab mir die *Erlaubnis*, einfach nur zu sein – und so viel von der grenzenlosen Fülle, die uns allen offen steht, zu erhalten, wie ich nur aufnehmen konnte. In diesem Augenblick öffnete sich mein Leben ganz und es ergab sich ein Wunder nach dem anderen – wie in einer Kette aus Dominosteinen, wo jeder Stein zur rechten Zeit in die richtige Richtung fällt. Materieller Reichtum, Freunde, spirituelle und berufliche Kontakte, meine florierende Tätigkeit als Berater – all das kam zu mir, als ich offen genug war, um es einzulassen. Als ich mich einfach *sein* ließ, ohne feste Vorstellungen darüber, wie ich sein »sollte«, ließen meine Engel ihre Stimmen sehr klar ertönen und mein Leben fing an aufzublühen.

Diese Empfänglichkeit, diese Fähigkeit loszulassen, damit wir vollen Nutzen aus der Hilfe unserer Engel ziehen können, vertieft sich immer stärker, wenn wir es zulassen. Unsere Möglichkeiten, die Fülle des Universums in uns aufzunehmen, werden immer zahlreicher. Es gibt immer neue Abenteuer, Gelegenheiten und Entdeckungen, wenn wir für sie offen bleiben. Mein Wissen darum, wer mein Schutzengel ist, hatte sich mir offensichtlich nur deshalb enthüllt, weil ich auf einer tieferen Ebene losgelassen hatte. Erst als ich diesen Sprung vollzog und die Entscheidung traf, mein Leben von nun an der Entwicklung meiner paranormalen Fähigkeiten zu widmen, und zwar mit der klaren Zielsetzung, Berater für andere Menschen zu werden, erst als ich beschloss, mein ganzes Leben für andere Menschen einzusetzen, und dies als meine Lebensaufgabe auf diesem Planeten annahm, enthüllte sich mir die Identität meines Schutzengels, des Erzengels Michael, vollkommen. Anders gesagt: Erst als ich das zu tun begann, wofür ich auf der Welt war, nämlich anderen Menschen die Gegenwart ihrer Engel bewusst machen, damit sie Liebe, Hilfe und Führung erhalten konnten, erst in diesem Augenblick wurde mir mein eigener Weg enthüllt. Diese Lektion muss jeder meiner Klienten lernen: Je mehr Sie sich erlauben, das zu sein, was Sie wirklich sind (unter der Führung ihrer Engel), je enger der Kontakt zu Ihrem höheren Selbst ist, so dass Sie die klare Stimme in Ihrem Inneren, die Sie zu ihrem Lebenspfad führt, hören können, desto schneller und umfassender erreicht Ihr Lebensglück seine volle Blüte.

Auch wenn (was häufig der Fall ist) meine Klienten ihre Engel nie so kennen lernen und sehen, wie es mir zuteil wurde, so erfahren sie doch ständig ihre Unterstützung. Als Berater mit übersinnlicher Wahrnehmung kann ich bei einem Reading den

Kontakt zwischen ihren und meinen Engeln vermitteln und so als »Kanal« für ihre Engelenergie und deren Führung wirken. Doch diese Führung steht allen meinen Klienten (auch Ihnen) ständig zur Verfügung, ganz egal, ob es einen außersinnlichen Vermittler gibt oder nicht. Es geht letztlich nur darum, dass wir lernen, den Weg für sie frei zu machen, damit wir sie empfangen können.

Das Gute daran ist, dass Sie wirklich nicht an Engel »glauben« müssen, um ihre Hilfe zu erhalten. Ich bitte Sie einfach nur darum, auf Treu und Glauben erst einmal zu akzeptieren, dass sie in jedem Moment Ihres Lebens mit Ihnen sind, Sie ermutigen, Ihnen auf Ihrem Weg helfen, egal, was Sie diesbezüglich glauben oder nicht glauben. Alles, was wir tun müssen, um ihre Liebe und Führung zu erhalten, ist zu lernen, wie wir ihnen einen »Landeplatz« bereiten können. Der beste Weg dazu ist scheinbar, wenn wir so handeln, »als ob« unsere Engel existierten – und einfach mal davon ausgehen, dass es so ist.

Das Zauberwort: »Als ob ...«

So zu handeln, »als ob ...« ist einfacher, als es klingt. Jeder von uns hat diese Fähigkeit als Kind entwickelt. Erwachsene sagen dazu »Spiel«. Häufig erfahren Kinder so die Führung ihrer Engel schon sehr früh. Für Kinder ist es einfach, an eine selbst erschaffene Welt zu glauben und so zu handeln, »als ob« sie Wirklichkeit wäre. Für den Augenblick existieren diese Als-ob-Reiche auch tatsächlich – als Rinde, Ahornblatt, Sandkuchen, die zum königlichen Festmahl werden; als Eiche im Hinterhof, die sich zum Zauberwald wandelt; als Fußballplatz hinterm Haus, der zum tobenden Baseballstadion anwächst; als Muschelstückchen am Strand, das zum kostbaren Juwel wird. Kinder bewegen sich frei zwischen ihrer Imagination und der physischen Realität hin und her – bei ihnen gibt es keine Grenzen zwischen diesen beiden

Welten. Leider lernen wir schon sehr früh, unserer Vorstellungskraft zu misstrauen und das, was wir uns ausdenken und erträumen, als irreal zu betrachten. Man bringt uns bei, dass wir nur dem trauen können, was wir in der materiellen Welt vor unserer Nase sehen können. So verlieren wir langsam unser Wissen um die wundervolle Verbindung zwischen der geistigen und der materiellen Welt. Doch unser Kontakt zu den Engeln wird uns helfen, zu ihr zurückzufinden und diese Verbindung so spielerisch zu nutzen, wie wir es als Kinder taten.

Wenn Sie dieser Idee anfänglich mit Skepsis begegnen, so ist das nur normal. Die Vorstellung, dass nur das wirklich ist, was man auch sehen kann, wurde uns allen vermittelt. Aber Sie werden erstaunt sein, wie einfach es ist, diesen Widerstand zu überwinden. Doch sogar die skeptischsten unter meinen Klienten (jene, die für den Gedanken, Engel könnten etwas mit ihrem Leben zu tun haben, nur ein spöttisches Lächeln übrig hatten) schaffen es heute (bei manchen ging das sogar ziemlich schnell), ihren Zynismus sein zu lassen und so zu handeln, »als ob« Engel wirklich existieren würden. Sie mussten nur etwas wieder lernen, das ihnen in ihrer Kindheit ohnehin selbstverständlich war: *loslassen und spielen*. Die Engel finden uns leichter, wenn wir »spielen«. Wenn wir entspannt sind und unserer Phantasie freien Lauf lassen, sind wir durchlässiger und weniger auf Abwehr bedacht. Dann kann, was als »Spiel« begann, leicht zum spirituellen Erwachen werden. So zu tun, »als ob …«, mag für manche Menschen etwas mit Einbildung und Selbsttäuschung zu tun haben. In Wirklichkeit wenden wir damit nur eine Technik an, die wir als Kinder entwickelt haben: Wir setzen unsere Phantasie ein, um unsere Sinne, unseren Verstand, unser Herz und unsere Seele zu öffnen. Wunder können geschehen, ja sie werden unweigerlich geschehen, wenn wir das tun.

Die Macht des Spiels zeigt sich überdeutlich bei Klienten, die ohne Hoffnung sind, wenn sie zu mir kommen – pleite, ohne Job, kurz davor, ihr Heim, ihren Wagen, ihre Freunde und ihre

Familie zu verlieren. Grace, 37, war eine von denen, die sich selbst als »Versager« bezeichnen. Sie hatte gehofft, dass sich aus ihren verschiedenen befristeten Anstellungen als Zeitarbeitskraft in der Werbebranche endlich ein richtiger Job ergeben würde. Doch letztlich kam immer wieder etwas dazwischen: Entweder verstand sie sich nicht mit den Kollegen oder mit dem Chef, oder sie hatte Probleme mit der Firmenpolitik; und wenn alles passte, kam garantiert eine üble Erkältung und fesselte sie ans Bett. Das Pech schien regelrecht an ihr zu kleben. Schließlich verlor sie ihren letzten Job. Was allerdings noch viel schlimmer war, war die Tatsache, dass sie nicht die geringste Ahnung hatte, was sie eigentlich mit ihrem Leben anstellen wollte und was sie gern tun würde. Ich war für sie so eine Art letzte Hoffnung. Eigentlich fühlte sie sich nicht zu medial Begabten hingezogen, aber da sie von verschiedenen Seiten gehört hatte, dass ich schon mehreren Menschen geholfen hatte, und sie wirklich keinen Ausweg mehr wusste, beschloss sie, es einfach mit mir zu versuchen. Als sie zum ersten Mal zu mir kam, war sie voller Anspannung. Ihr Gesicht war verhärtet, ihre Bewegungen wirkten vorsichtig und irgendwie erschrocken. Offenkundig hatte sie beim Ankleiden wahllos in den Kleiderschrank gegriffen und ihr Haar war ungepflegt. So, wie sie vor mir stand, war sie der Inbegriff einer gehemmten Frau.

Ich bat Grace, sich vor mich hinzusetzen und eine Zeit lang tief ein- und auszuatmen. Ich lud sie ein, alles loszulassen, was sie in der Vergangenheit gelernt hatte, ihren Geist zu beruhigen und Kontakt mit den höheren Kräften in ihrem Inneren aufzunehmen. Sie war so verzweifelt, dass sie meinen Anweisungen erstaunlich wenig Widerstand entgegensetzte. Wie ein Kind schien sie dankbar zu sein, dass ihr jemand sagte, was sie tun solle. Als sie ruhiger geworden und in eine Art meditativen Zustand eingetreten war, bat ich sie, sich ihre Engel bildlich vorzustellen. Ich versicherte ihr, dass sie zwei Schutzengel habe, die immer bei ihr seien und deren Aufgabe es sei, ihr zu helfen, sich als Frau vollkommen selbst zu verwirklichen. Ich sagte: »Ich erlaube Ihnen, erfolgreich zu sein. Sie sind bereits erfolgreich. Das Universum ist grenzenlos und voller Überfluss: Es gibt Ihnen bereits jetzt alles, was Sie brauchen. Erkennen Sie, dass Ihnen bereits jetzt alles zur Verfügung steht, was Sie brauchen. Erlauben Sie sich, von diesem Überfluss alles zu nehmen, was Sie benötigen. Sie haben einen befriedigenden, interessanten, gut bezahlten Job: Sehen Sie sich in Ihrem neuen Büro, wie Sie tun, was Ihnen immer schon Spaß gemacht hat. Sehen Sie sich jetzt bereits in dieser Situation.«

Ich berichtete Grace von den verschiedenen Botschaften, die ich von ihren Engeln erhalten hatte. Es ging dabei um Chancen, die sich in den nächsten Tagen und Wochen für sie auftun würden. Doch, so die Engel, sie allein sei es, die diese Chancen wahrnehmen könne. Wenn die Türen sich für sie öffnen würden, dann solle sie hindurchschreiten. Als ich sprach, begann ihr Körper sich sichtlich zu entspannen. Ein neuer, weniger angespannter Ausdruck trat in ihre Augen und die Härte verschwand aus ihren Gesichtszügen. Sie ließ ganz offenkundig mehr Energie aus dem Universum in sich ein – und zwar sofort, auf der Stelle. Sie war zwar nicht in der Lage, die Gegenwart ihrer Engel zu sehen oder auf andere Art zu registrieren, trotzdem nahm sie meinen Vorschlag an, die Engel um Führung zu bitten, und so zu tun, »als ob« sie da seien, denn ich versicherte ihr, dass das tatsächlich der Fall ist. Was sie in ihrem Leben brauchte und wünschte, wartete bereits auf sie. Was sie anstrebte, wollte zu ihr. Und ihre Engel hegten den Wunsch, ihr aktiv zu dem Gewünschten zu verhelfen. Sie musste nur so handeln, als sei es Wirklichkeit; ihre Ängste loslassen und auf die Telefonanrufe warten, die ihr ihren nächsten Job verschaffen würden. Und sie musste sich darauf vorbereiten, das heißt, ihre äußere Erscheinung entsprechend verbessern, so dass diese widerspiegelte, was sie war: eine schöne Frau mit einer wundervollen Seele.

Die wesentliche Botschaft aber lautete: Die Fülle ist da und wartet auf dich. Grace hatte bereits alles, was sie brauchte, um das Leben zu führen, das sie ersehnte. Sie musste nur loslassen, gleichsam »wach bleiben«, um für die Möglichkeiten, die sich daraus ergeben würden, offen zu sein. Meine geistigen Ratgeber offenbarten mir, dass Grace vor allem gegen das verinnerlichte Bild ankämpfte, das ihre Mutter ihr mitgegeben hatte: dass sie kein hübsches Kind sei und niemals etwas erreichen würde. Ich sagte ihr, dass sie diese innere Stimme sofort, jetzt und hier, loslassen könne, weil das, was sie sagte, nichts mit ihrer Wirklichkeit zu tun habe. Daraufhin wurde ihre ganze Erscheinung weicher und leichter. Es war wunderbar, dabei zuzusehen: als fände ihr Geist endlich die Möglichkeit, sich selbst zu befreien und die grenzenlose Fülle des Lebens zu genießen.

Das hört sich alles ziemlich einfach an, doch tatsächlich hatten meine Worte große Kraft, weil sie aus den tiefsten Quellen meines Seins kamen und Graces innerste Bedürfnisse erfüllten. In den nächsten Tagen erhielt sie die Telefonanrufe, die ich für sie vorhergesehen hatte, und bald hatte sie eine neue befristete Arbeit in einem Bereich, der dem, in dem sie gern tätig werden wollte, schon sehr nahe kam. Da ihre Haltung sich verändert hatte (und ihr gesteigertes Selbstbewusstsein sich auch in ihrer Kleidung ausdrückte), ging sie ganz anders mit ihrer Arbeit und den Kollegen um, so dass sie mehr von ihrer Phantasie und Leidenschaft zum Ausdruck bringen konnte. Die Stimme ihrer Mutter meldete sich noch einige Male und redete in gewohnt negativer Weise auf sie ein, doch mittlerweile hatte sie gelernt, ihren Geist zur Ruhe zu bringen und diese »Botschaften« bewusst loszulassen, um stattdessen auf die stille Stimme in ihrem Inneren zu hören, die uns die Führung durch unsere Engel ermöglicht. Was sie wohl am meisten erstaunte, war die Tatsache, dass ihr Leben immer besser lief – und das nicht, weil sie dauernd neue Pläne schmiedete oder versuchte, auf Menschen zuzugehen, wodurch sie früher den Erfolg hatte erzwingen wollen. Ihr Leben verbesserte sich, weil sie genau das Gegenteil tat: *Sie ließ los und erlaubte den vielen Chancen, die das Leben bot, den Weg zu ihr zu finden.* Grace ist sich der Gegenwart ihrer Engel immer noch nicht bewusst: Sie sieht sie nicht und kann sie nicht fühlen. Trotzdem bittet sie um Führung. Sie hat diese weiche und stille Stimme in ihrem Inneren gefunden und vertraut der Führung, die ihr so zuteil wird. Sie nimmt diese Führung immer noch so an, »als ob« sie von ihrem Schutzengel käme – und das aus einem einfachen Grund: Auf diese Weise gewinnt sie mehr Klarheit, Konzentration und inneren Frieden. »Ich muss keine Lichtwesen, Geister oder geflügelten Cherubim sehen, die über meinem Kopf schweben, um zu wissen, dass etwas mich leitet. Ich stell mir dieses ›Etwas‹ als liebende Fürsorge vor, der etwas an mir liegt, denn genau so fühlt es sich an. Für den Augenblick – vielleicht auch für immer – ist das alles, was ich wissen muss. Mir ist das Beweis genug für die Tatsache, dass meine Engel immer da sind und nach mir sehen.«

Botschafter sein

Alle Menschen, die den Umweg über das Als-ob wählen, um die segensreiche Hilfe ihrer Schutzengel annehmen zu können, machen alsbald die bemerkenswerte Entdeckung, dass sie aufgrund dieses Entschlusses mehr Klarheit, Hingabe und Aufnahmebereitschaft empfinden. Wie Grace, die herausfand, dass »Erfolg« sich nicht einstellt, weil wir unseren Wünschen angestrengt hinterherhecheln. Wahrer Erfolg ist ein Geschenk – Möglichkeiten, die sich uns darbieten und nur durch unser Handeln Wirklichkeit werden. Ein Geschenk, das wir erhalten, ohne darum gebeten zu haben. Hin und wieder ließ Grace sich noch von den alten Stimmen beeinflussen (zum Beispiel von ihrer nörgelnden Mutter). In solchen Augenblicken hatte sie dann das Gefühl, sie müsse die Zügel ihres Lebens wieder selbst in die Hand nehmen und versuchen, alles allein zu schaffen. So verschloss sie sich und wurde ängstlich; verlor ihre Fähigkeit, die Sprache der Engel in ihrer Mitte zu hören. Wann immer das geschah, schlug ich vor, sie solle sich selbst als so etwas wie eine Botschafterin der Vereinten Nationen sehen, die ein Fest für die anderen Botschafter gab. Und sie solle einfach alle zu der Party einladen. Sie müsse nur die einzelnen Botschafter am Eingang begrüßen und jene, die sie kannte, den anderen vorstellen. Ihre einzige Aufgabe sei es, dafür zu sorgen, dass die Tür offen bleibt, damit alle, die kommen wollen, herein könnten. Und sie solle präsent sein: aufmerksam und voller Wärme mit all jenen sprechen, die auf sie zukommen, und sich dabei ganz auf ihre Rolle als Gastgeberin beschränken. Ich versicherte ihr, dass bei einer solchen Haltung alle Wesen, die sie zu treffen wünschte, in ihrem eigenen Tempo und auf ihre eigene Art und Weise zu ihr kommen würden. Sie würde neue Vorschläge und unerwartete Einladungen erhalten und eine Menge neuer Chancen wahrnehmen können, auf die sie von selbst niemals gekommen wäre. Kurz gesagt: Ihr Leben würde so zum blühenden Garten. Die Welt würde sich ihr öffnen. Sie müsse einfach nur bereit und bewusst da sein.

Diese Imagination beschreibt vielleicht am besten, in welchem Geisteszustand wir die Ratschläge unserer Engel am deutlichsten vernehmen. Doch dieses Empfänglichsein deckt sich so gar nicht mit der vertrauten Vorstellung, dass wir uns aktiv um unseren Erfolg bemühen müssen. Gerade im Geschäftsleben gilt eine solche Einstellung als völlig deplatziert. Als ich meine Arbeit als medial begabter Berater aufnahm, waren die meisten meiner Klienten Schauspieler und Künstler, meist weiblichen Geschlechts. Ihnen fiel es schon vom Temperament her nicht schwer, etwas »loszulassen« und ein meditatives Bewusstsein zu entwickeln, um so die innere Führung der Engel zu erlangen. Menschen, die im Management tätig sind, haben damit meist mehr Probleme. Daher war ich ziemlich neugierig, als vor etwa eineinhalb Jahren ein ungefähr vierzig Jahre alter Geschäftsmann zu mir kam und mich – recht widerwillig – um Hilfe bat. Er tat dies, so unterstrich er immer wieder, einzig und allein wegen seiner Frau, die ich einige Monate zuvor beraten hatte und die daraufhin all ihre Freunde und Bekannten zu mir geschickt hatte: »Jeder, den ich kenne, war nun schon bei Ihnen und meine Frau meint, ich wäre verrückt, wenn ich es nicht wenigstens mal ausprobieren würde. Aber, ehrlich gesagt, ich persönlich glaube eher, dass es verrückt von mir ist, hierher zu kommen. Ich glaube einfach nicht an diesen Engel-Blödsinn.«

Diesem Mann zu helfen, sich zu entspannen und einen meditativen Zustand zu erreichen, damit ich mit dem Reading beginnen konnte, war eine wahre Herausforderung. Tatsächlich war unsere erste Sitzung eine einzige Katastrophe. Seine Anspannung und seine Widerstände waren so stark, dass ich nur bruchstückhafte Informationen erhielt, die ihm überhaupt nichts sagten. Wie ich bereits in der Einführung erklärt habe, diene ich den Informationen, die kommen wollen, nur als Kanal: Manchmal erinnere ich mich nicht einmal, was ich gesagt habe, weil nicht »ich« es bin, der all das sagt. Es entspringt einer Quelle, die außerhalb meines Selbst liegt, einem Zusammenwirken der Engel, die meinen Klienten umgeben, mit meinen Schutzengeln. Gemeinsam oder jeder für sich teilen sie mir mit, was ich weitergeben soll. Ist ein Klient zu angespannt, so bleibt der Zugang zu seiner inneren Führung blockiert und wir kommen nicht sehr weit. Am Ende unserer ersten Sitzung war ich völlig ausgelaugt. Ich hatte nicht das Gefühl, ihm in irgendeiner Weise geholfen zu haben, doch als wir fertig waren, bemerkte ich, dass seine Schulterpartie deutlich weniger verspannt war als zuvor. Auch war, wie bei Grace, ein viel sanfterer, offenerer Blick in seinen Augen. Ich hatte ihm gesagt, dass er nicht genug um seine Mutter geweint habe. Aus den Bruchstücken an Information, die ich aufgefangen hatte, wusste ich, dass sie kürzlich verstorben war. Ich teilte ihm mit, dass er sich der Trauer stellen und die Emotionen zulassen müsse, die dieser Verlust in ihm auslöste.

Und er solle wissen, dass es ihr gut gehe und sie vollkommenen Frieden empfand. Er brauche sich um sie nicht sorgen.

Zu meinem Erstaunen bestand er darauf, nächste Woche wiederzukommen, und auch in der Woche darauf wollte er einen Termin. Jede Woche ließ er mehr los, wurde empfänglicher, bis er schließlich bereit war, »den Botschafter zu spielen«: Sein Familienleben wurde glücklicher, sein Umsatz stieg und er hatte immer mehr Erfolg. Nun schickt er all seine Kollegen zu mir und er selbst ist einer meiner leidenschaftlichsten Fans.

Ich erzähle diese Geschichte allerdings nicht, weil dieser Gentleman mich so über den grünen Klee lobt. Wie ich bereits gesagt habe: Die Informationen, die ich weitergebe, kommen nicht von mir. Sie stammen aus einem Zusammenwirken von Engelsstimmen, die mich zur Kommunikation nutzen. Das Wichtigste an dieser Geschichte ist, dass dieser Mann in der Lage war, sich einem einfachen, aber wirkungsvollen Prozess zu öffnen, der Begegnung mit seinem eigenen Inneren: Er hatte sich (mit meiner Hilfe als Katalysator) selbst erlaubt, eine emotionale Blockade aufzulösen, die sein persönliches Leben erstickte und seine geschäftlichen Entscheidungen beeinträchtigte. Vor seinem emotionalen (und gleichzeitig spirituellen) Erwachen hätte er das Prinzip des Handelns, »als ob …« als kindischen Unsinn abgetan. Jetzt aber verhält er sich ohne jedes Problem so, als seien seine Engel so wirklich, wie sie es meines Wissens tatsächlich sind. Er betet zu ihnen um Führung. Wie Grace hat er keine deutliche Wahrnehmung davon, wer oder was sie sein könnten. Er weiß nur, dass sein Leben tiefer geworden ist und mehr Bedeutung hat, seit er sich zum ersten Mal in einem meditativen Zustand an sie um Hilfe gewandt hat. Dies erlaubte ihm, in seinem Beruf gewagtere und profitablere Entscheidungen zu treffen, und verbesserte gleichzeitig seine Ehe. »Wenn's funktioniert!« – so könnte man seine Einstellung zum Als-ob-Prinzip wohl am besten umschreiben. Ich jedoch – und alle, die ihn kennen – sehe in seiner Haltung eine tiefe, wirkliche Spiritualität.

Dieser Mann hat sich gewandelt und wandelt sich noch, je mehr er sich seiner inneren Stimme hingibt. Nun weiß er, dass er sich auf ihre Führung und Unterstützung verlassen kann.

Wenn nicht für mich, für wen dann?

Leider ist nicht jeder Mensch in der Lage, diese demütige Haltung der Hingabe einzunehmen. Wenn kein sicheres spirituelles Fundament vorhanden ist, kann jemand, der seinen materiellen Wohlstand mit Hilfe des ersten Engelkontaktes steigern konnte, plötzlich in einer Sackgasse landen, die ihn schließlich sogar zurück auf den Weg der Selbstzerstörung führen mag. Einige Menschen, die ihren Erfolg zu genießen beginnen, glauben nicht wirklich daran, dass er auf die grenzenlose Fülle des Universums zurückgeht. Häufig sind sie im Stillen der Überzeugung, Erfolg gar nicht zu verdienen, und hören auf, den Kontakt mit der spirituellen Quelle des Überflusses so zu pflegen, wie es nötig wäre, nämlich täglich, Sekunde für Sekunde. Schließlich kappen sie gar die Verbindung und gelangen zu der Überzeugung, dass der »Erfolg«, der ihnen zuteil wurde, Resultat ihrer eigenen egoistischen Bemühungen ist. Und da sie nicht wirklich daran glauben, diesen Erfolg verdient zu haben (häufig fühlen sie sich wie Heuchler), fällt das ganze Gebäude bald wie ein Kartenhaus in sich zusammen. Unsere Engel wollen, dass wir den Überfluss genießen, weil es in der Ordnung der Dinge liegt, doch unser verletztes Ego kann das oft nicht akzeptieren.

So erging es einem Rechtsanwalt, mit dem gemeinsam ich eine Agentur für Schauspieler führte. Je besser unser Geschäft lief, desto stärker wurden seine Selbstzweifel und sein Selbsthass. Am Ende nahm er sogar Alkohol und Drogen, um seinem Gefühl der Wertlosigkeit zu entkommen. Da er der Quelle des Überflusses, der so bereitwillig auf ihn einströmte, nicht recht traute, empfand er offenbar einen gewissen Zwang, sie zu zerstören. Wenn wir Glück haben, führt der Zusammenbruch unseres Ego-Gebäudes dazu, dass wir eines erkennen: Erfolg braucht ein spirituelles Fundament. Bei unseren Engeln löst unsere Erkenntnis Freude aus, weil es bedeutet, dass wir nun wahre Selbstliebe entwickeln, unseren eigenen Wert akzeptieren und von neuem am natürlichen Kreislauf der Fülle teilnehmen können – *indem wir nehmen und geben.*

Und das Bedürfnis zu geben spielt dabei eine entscheidende Rolle. Einmal kam eine Schauspielerin zu mir, die früher einmal in einer sehr erfolgreichen Fernsehserie mitgewirkt hatte. Doch nachdem die Serie abgesetzt worden war, geriet sie in Schwierigkeiten: Ihre Karriere schien zu stagnieren. Keine der Rollen, die ihr angeboten wurden, brachte ihr den Erfolg zurück, in dem sie sich früher einmal gesonnt hatte. Sie hatte zugenommen, jedes Interesse an ihrem Beruf und ihrer Familie verloren, war schwer depressiv geworden. So kam sie zu mir, sie fühlte sich völlig orientierungslos und hatte von Freunden gehört, dass ich ihr vielleicht helfen könne, einen neuen Anfang zu machen.

Wie ich anfangs bereits erklärte, ähnelt die Erfahrung, sich in die »Ätherwellen« eines Klienten einzuschalten, sehr dem Vorgang, wenn wir einen neuen Sender im Radio suchen. Man dreht so lange am Knopf, bis man die Stimmen der Engel findet, die – und das weiß ich genau – immer bei ihrem Schutzbefohlenen sind. Natürlich hat das, was ich dabei »empfange«, nicht immer den Charakter einer Stimme. Manchmal kommt die Information als Farbe, manchmal als Bild oder einfach als Empfindung. Unsere Engel kommunizieren mit uns auf eine Weise, die zur Lösung des Problems passt. Bei dieser Schauspielerin aber, die ich hier einmal Sandra nennen möchte, »hörte« ich nichts als ein eintöniges Rauschen. Ihre Depression überlagerte die »Wellen«. Alles, was Sandra mir vor der Sitzung gesagt hatte, war: »Ich fühle mich so verloren.« Und tatsächlich empfing ich den Eindruck, dass das Licht in ihrem Geist verloschen war. In der Tat: Sie hatte aufgegeben. Dann aber erhielt ich eine sehr starke Botschaft, die lautete, Sandra müsse dieses Muster durchbrechen und sich erlauben, so zu sein, wie sie wirklich ist – also nicht die erfolgreiche Schauspielerin, die sie vor Jahren einmal gewesen ist. Nicht die Versagerin, als die sie sich jetzt fühlte. Nicht die unfähige Mutter oder Ehefrau, für die sie sich hielt. Diese destruktiven Überzeugungen waren Teil eines stets erneuerten Selbstbildes, das aus ihrem Verhaftetsein mit alten Vorstellungen von sich selbst entstanden war.

Schließlich erhielt ich noch die Botschaft, Sandra solle für andere da sein, und zwar jetzt sofort. Sie solle sich nach Jobs umsehen – ob diese nun mit Schauspielerei zu tun hatten oder nicht –, die ihr erlaubten, einen liebevollen und freundlichen Kontakt mit ihren Mitmenschen zu pflegen. Sie musste aus dem Gefängnis ausbrechen, das sie sich selbst geschaffen hatte. Zu diesem Zweck musste sie als Erstes herausfinden, wer sie wirklich war, und das hieß, sie musste Kontakt zu der Quelle ihres wahren Seins aufnehmen. Ich erinnere mich noch gut daran, was sie sagte, als ich sie bei der ersten Sitzung fragte, weshalb sie hier sei. Sie antwortete: »Natürlich meinetwegen. Wenn ich das nicht für mich tue, für wen sonst?«

Und damit hatte sie – wie ich später erkannte – das Problem schon genau umrissen. Sie suchte tatsächlich *nicht* wirklich Hilfe für sich selbst. Es ging darum, ihr den Kontakt mit der Quelle dessen, was sie wirklich war, zu ermöglichen. Sie brauchte den Kontakt zu Gott.

Handeln durch Sein

»Innere Ruhe finden, die Verbindung herstellen, um Hilfe bitten, handeln und loslassen« – das ist kurz gesagt alles, was Sie zu tun haben, wenn auch Sie den Kontakt herstellen wollen, den Sandra so dringend brauchte. Dieser Weg, nach Führung »von oben« zu suchen, unterscheidet sich massiv von allem, was man uns beigebracht hat. Wichtig ist vor allem Hingabe: Lassen Sie Ihre Ängste los, schenken Sie sie Ihren Engeln und bitten Sie dann, so einfach wie möglich, um Hilfe. Klingt das alles nicht ein bisschen simpel? Wie kann dieses nett gemeinte »New-Age-Geschwafel« tatsächlich Hilfestellung bieten? Sollte ich Ihnen nicht lieber ein paar detailliertere Informationen geben, über Meditationstechniken zum Beispiel, Visualisierungsübungen, buddhistisches Chanten oder die Weisheit der Kabbala?

Nun, am Ende dieses Buches finden Sie tatsächlich ein paar Tipps, die Ihnen einen Weg weisen, der es Ihnen ermöglicht, Kontakt zu Ihrem Engel herzustellen. Doch was Sie in einen »meditativen Zustand« versetzt, ist letztlich so individuell wie Sie selbst. Nur Sie allein können herausfinden, welcher der Pfade, die zur Hilfe der Engel führen, zu Ihrem Temperament passt. Dabei werden Sie niemals allein Ihrem Schicksal überlassen, denn sobald Sie auch nur den Hauch einer Verbindung zu einem Engel hergestellt haben, wird dieser dafür sorgen, dass die Verbindung sich vertieft. Der erste Schritt allerdings ist ganz allein Ihre Sache.

Denken Sie daran: Je einfacher, desto besser. Es ist erstaunlich, wie sehr unsere Seele nach Rat hungert. Das beste Beispiel ist der Geschäftsmann, von dem ich vorhin erzählt habe. Er handelt heute immer so, »als ob« seine Engel bei ihm wären – was sie, wie ich mit hundertprozentiger Sicherheit weiß, auch sind. Sie müssen dazu keine schwierigen algebraischen Gleichungen lösen. Geben Sie nur einfach für einen Moment die Kontrolle ab, werden Sie innerlich ruhig und stellen Sie die Verbindung her. Ihr Bedürfnis nach Rat wird Ihnen zeigen, wie das geht. Ihre Engel *wollen* ja, dass Sie Kontakt zu ihnen aufnehmen. Es liegt daher in Ihrem Interesse, die Hilfsmittel, die Sie dazu benötigen, so einfach wie möglich zu halten. Und denken Sie nicht, dass es schwierig wird. Das ist nämlich nicht der Fall. Halten Sie nicht Ausschau nach Lichterscheinungen, Geistwesen oder Gespenstern, wenn Sie den Kontakt zu Ihren Engeln suchen. Erinnern

Sie sich einfach an Ihre Kindheit und tun Sie so, »als ob« sie längst da seien. Das reicht schon, um sie anzulocken. Es genügt, wenn Sie die Pforten Ihrer Seele für den Rat und die bedingungslose Liebe öffnen, die sie Ihnen in jedem Augenblick Ihres Lebens anbieten. Öffnen Sie die inneren Kanäle auf möglichst einfache Weise. So wird die grenzenlose Fülle des Universums auf Sie einströmen.

Vergessen Sie jedoch nicht, dass es keineswegs ausreicht, das Geschenk anzunehmen, das darin besteht, dass Sie immer genau wissen, was zu tun ist. Die Herausforderung liegt darin, es auch in die Tat umzusetzen. Handlungen, die zur Keimzelle positiver Entwicklungen werden, gehen gewöhnlich nicht von unserem Ego aus. Sie entstehen vielmehr in unserem Sein. Erlauben Sie sich zu sein, was Sie sind. Ihre wildesten und wunderbarsten Träume in die Tat umzusetzen. Das zu tun, was alle Engel – und Gott selbst – Ihnen zugedacht haben. Wenn Sie so handeln, wird der entscheidende Schritt, der Sie dieser Fülle näher bringt, sich ganz von selbst ergeben.

Ich nenne diesen Prozess »Handeln durch Sein«. Er soll uns daran erinnern, dass es unsere Aufgabe ist, das Pferd vor den Wagen zu spannen. Zuerst einmal müssen wir sein, was wir sind, dann müssen wir die Verbindung mit den Engeln herstellen, ohne uns darüber Gedanken zu machen, wer oder was sie sind. Erst jetzt bitten wir um Hilfe. Und wenn Ihnen die ersten beiden Schritte tatsächlich gelungen sind, verspreche ich Ihnen, dass sie Ihnen gewährt wird. Am Ende aber ist es wichtig, das in die Tat umzusetzen, was die Engel uns raten. Das Ergebnis steht dabei von vornherein fest, also machen Sie sich keine Sorgen. Alles, was Sie als Botschafter tun müssen, ist: die Tür öffnen und Ihre Gäste empfangen. Sobald Sie das tun, wird die Fülle des Lebens von selbst zu Ihnen kommen.

Jetzt, wo wir wissen, was es bedeutet, Kontakt mit unseren Schutzengeln aufzunehmen, und uns klar geworden ist, wie einfach das letztlich ist, wollen wir den Blick den Engeln zuwenden, die uns diese innere Führung zuteil werden lassen. Wie Sie Ihre Engel wahrnehmen, das kann ganz unterschiedlich sein: Einige meiner Klienten wissen (wie ich selbst) recht genau, mit wem sie es zu tun haben, andere erfreuen sich derselben positiven Ergebnisse, obwohl sie weiterhin nur so tun, »als ob«. Und doch gibt es gewisse Gruppen von Engeln, die wir anrufen können, wenn unsere inneren Bedürfnisse eine klare Richtung haben, wie es bei Sandra der Fall war, die den eindeutigen Auftrag erhielt, »alte Muster zu durchbrechen«. Diese verschiedenen »Arten« von Engeln können Ihnen helfen, eine Vision des von Ihnen gewünschten Lebens zu schaffen, mehr Weisheit zu erlangen, Gedanken und Beweggründe klar zu erkennen, innere Stärke zu entwickeln, Ihren Sinn für Frieden und Liebe zu stärken und das berauschende Gefühl des Sieges auszukosten, das entsteht, wenn Sie das Leben führen, das Ihre Engel Ihnen zugedacht haben.

Anders gesagt: Wir empfangen den Segen unserer persönlichen Schutzengel, aber wir können uns auch an andere Engel wenden, wenn wir eine bestimmte Art der Hilfe benötigen. Das ist letztlich genauso einfach, als wenn wir unsere Schutzengel um Unterstützung bitten. Lassen Sie Ihre Widerstände einfach los. Lassen Sie sich von mir an die Hand nehmen, damit Sie mehr über die unendlichen Kraftquellen herausfinden können, die Ihnen jederzeit zur Verfügung stehen. Sollten Sie an einen Punkt gelangen, an dem Sie das Gefühl haben, dass Sie feststecken, weil Sie »das alles nicht glauben können«, dann halten Sie bitte einen Augenblick inne, werden Sie innerlich ruhig und lassen Sie Ihren Mut, Ihre Neugier und Ihre Vorstellungskraft wieder die Oberhand gewinnen. Werden Sie »wie die Kinder« – tun Sie so, »als ob …«. Mehr ist gar nicht nötig, um den Engeln die Tür weit zu öffnen.

3 Der Engel der Vision

Die sieben Engel, die wir in diesem und den nächsten Kapiteln vorstellen werden, helfen uns auf jeweils ganz besondere Art und Weise. Jeder hat sein eigenes »Spezialgebiet«. Doch so unterschiedlich diese auch scheinen mögen (sie reichen von der Vision bis hin zum Sieg), letztlich sind alle eng miteinander verbunden, und ihre »Ordnung« ist keineswegs zufällig. Ich durfte sie vor einigen Jahren regelrecht erfahren, als eine sehr weise Lehrerin mir vorschlug, in der nachstehend angegebenen Reihenfolge auf die sieben Engel zu meditieren und deren Führung zu erbitten:

Der Engel der Vision
Der Engel der Weisheit
Der Engel der Reinheit
Der Engel der Stärke
Der Engel der Liebe
Der Engel des Friedens
Der Engel des Sieges

Diese »Hierarchie« bzw. Reihenfolge gab mir Anlass zu vielen Fragen, doch gleichzeitig wusste ich, dass diese beantwortet werden würden, wenn ich tat, was meine Lehrerin mir empfahl:

über die Engel meditieren und jeden von ihnen zu mir »sprechen« lassen. Ich vertraute ihr, denn sie hatte mir Zeit meines Lebens noch nie mehr und noch nie weniger gesagt als das, was ich wirklich wissen musste. Sie wiederum wusste, dass es völlig ausreichte, mir die verschiedenen Bereiche zu nennen, mit denen diese Engel verbunden waren. Ihre Rolle würde sich mir enthüllen, wenn ich anfing, über sie zu meditieren – in der genannten Reihenfolge.

Als ich diese Liste so vor mir sah, rief sie in mir bereits bestimmte Ahnungen wach. Warum sie allerdings wirklich in der oben aufgeführten Reihenfolge erscheinen, verstand ich erst, als ich mich nacheinander mit jedem von ihnen auseinander setzte und jeden um seine spezielle Führung bat. Wie wichtig diese Ordnung ist, wurde mir klar, als ich die Lektionen und Gaben jedes Engels in meinem Leben erfuhr und erkannte, in welcher Verbindung er zum nachfolgenden steht. Erst jetzt konnte ich dieses Wissen auch an meine Klienten weitergeben. Natürlich soll das nicht bedeuten, dass wir uns den einzelnen Engeln nicht auch für sich zuwenden können. Normalerweise tun wir genau das. Doch meine Erfahrung zeigte mir Folgendes: Hatte ich die geistigen Grundlagen für die Beziehung zu einem bestimmten Engel nicht gelegt, so konnte ich die Gaben dieses Engels nicht vollständig empfangen. Und es sind eben die jeweils vorangehenden Engel, die uns zeigen, wie dieses Fundament aufzubauen ist.

Gibt es eine »Hierarchie der Engel«?

Manchmal, wenn ich über die sieben Engel spreche, fragen mich meine Zuhörer, wie es denn möglich sei, dass ein Engel alle menschlichen Wesen leiten könne, die seinen Rat suchen. Es gebe doch sicher unzählige Weisheits- oder Visionsengel? Andere fragen mich, in welchem Verhältnis diese Engel zu den persönlichen Schutzengeln stehen, die jeder von uns hat. Gibt es hier eine Art »Etikette«, um die wir wissen sollten, müssen wir zum Beispiel einen Engel immer zuerst anrufen oder Ähnliches? Und treffen sich all die Engel, um »unser Problem zu diskutieren« wie bei einer Teamsitzung? Und wer ist dann der »Vorsitzende«?

Meine Antwort ist hier ganz einfach und praktisch: Machen Sie sich darüber keine Sorgen. Bitten Sie einfach den in Frage kommenden Engel um Hilfe. Öffnen Sie Ihr Herz für seine Führung und sie wird Ihnen zuteil werden. Spüren Sie in sich, dass die Hilfe kommen wird, das ist der beste Beweis für ihre Existenz. Nicht dass Fragen über die Ordnung des Universums nicht interessant wären. Manchmal beschäftige auch ich mich in Engelsitzungen mit kosmischem Wissen, das ich von meinen Engeln und geistigen Führern erhalte. Mitunter belehren sie mich auch, welcher Natur die geistigen Reiche sind, die sie bewohnen und zu denen wir ständig Zugang haben. Doch so merkwürdig es klingen mag: Diese ganz großen Fragen sind nicht wirklich wichtig. Viel wichtiger ist es, die Engel um Hilfe zu bitten und diese dann auch zu nutzen. Wie ich Ihnen bereits erklärt habe, müssen Sie dazu nicht einmal an Engel glauben. Es genügt, wenn Sie so handeln, als wären die Engel für Sie da und würden Ihnen Hilfe angedeihen lassen. Sie müssen nur darum bitten. Sie wollen Ihnen ja helfen und tun es bereits. Ihre einzige Aufgabe ist es, *Ihr Herz für sie zu öffnen.*

Das also ist die Antwort, die ich jemandem geben kann, der sich für die Identität seiner Schutzengel interessiert. Denken Sie daran: In meinem Fall war es mein Engel, der den Zeitpunkt wählte, wann er sich mir offenbarte. Der Erzengel Michael kam in dem Augenblick zu mir, als ich mich ihm am weitesten geöffnet hatte. Er wurde an dem Punkt offenbar, wo er mir am meisten damit diente, dass er sich mir zeigte, und ich ihn bewusst wahrnahm. Verlassen Sie sich darauf, wenn Sie jetzt oder später (oder gar nicht) eine ähnliche Erfahrung machen: Sie erhalten die Führung, die für Sie richtig ist. Ihre Engel kümmern sich genau so um Sie, wie Sie es gerade brauchen. Bitten Sie um Führung, und sie wird Ihnen zuteil werden: Bitten Sie darum, dass Sie die Quelle dieser Hilfe «sehen« oder mehr über sie erfahren dürfen. Vielleicht – wenn es zu Ihrem Besten ist – fangen Sie dann einen Duft auf, der Sie an jemanden erinnert, den Sie als Kind geliebt haben. Vielleicht geht Ihnen eine Zeile aus einem Lied oder einem Gedicht nicht mehr aus dem Kopf und lindert so einen tief sitzenden Schmerz. Oder Sie sehen ein Gesicht vor sich, das so viel Wärme und Liebe ausdrückt, dass Ihr Herz sofort ruhig wird. Oder Sie erleben eben, dass ein Wesen sich Ihnen explizit mit Namen vorstellt. (Und das kann das letzte Mal sein, dass Sie eine derartige Vision haben. Ich habe den Erzengel Michael nur ein einziges Mal gesehen, und zwar als er sich mir in Notre Dame zeigte. Trotzdem ist er für mich nicht weniger präsent als damals.) Letztlich geht allein es darum: Sie werden umfangen und gehalten, gleichgültig, welche Manifestation der Engel Sie sehen, fühlen, riechen, hören oder auf andere Weise mit Geist oder Sinnen erfahren. Engel können auch existieren, ohne dass sie von uns bewusst wahrgenommen werden.

Haben Sie einfach Vertrauen. Und lassen Sie zu, dass Ihnen geholfen wird. Denn diese Aufgabe erfüllen sie gern und mit Freuden.

Wer A sagt, sollte auch B sagen!

Am meisten Unterstützung erfahren Sie, wenn Sie Ihr Herz allen Engeln öffnen, über die Sie hier lesen werden, und wenn Sie deren Rat akzeptieren. All die Gaben, die uns die Engel anbieten, sind wichtig. Denn so erreichen Sie nicht nur das Ziel, das Sie sich selbst gesteckt haben, sondern erhalten auch die Fähigkeiten, das Gewonnene zu behalten und sich daran zu erfreuen. Sie können Engel A nicht haben, ohne Engel B oder C Tribut zu zollen, auch wenn das jetzt recht technisch klingt. Tatsächlich gibt es Menschen, die sich einzig auf die Kraft *eines* Engels konzentrieren, und natürlich können Sie das auch tun. Doch Sie werden merken, dass Sie irgendwann einmal ins Stolpern geraten. Und genau dieses Stolpern hätte eine andere Engelskraft verhindern können.

Manchmal verlieren sogar Menschen, denen die Hilfe aller sieben Engel zu unglaublichem materiellem Erfolg verholfen hat, in dunklen Momenten ihres Lebens den Glauben. Sie verschließen sich und kommen zu der Überzeugung, dass die Quellen der »wunderbaren« Unterstützung, die ihnen zuteil wurde, nun ein für alle Mal versiegt sind. Stellen Sie sich vor, Sie wurden mit materiellem Reichtum gesegnet – mehr Geld; dem Job, den Sie immer schon haben wollten. Natürlich wollen Sie das, was Sie haben, nicht verlieren und genau davor haben Sie jetzt Angst. Sollten Sie nämlich denken, dass alles nur Glück und Zufall war, dann können Sie sich auf Ihren Erfolg auch nicht verlassen. Oder Sie denken, dass Sie Ihren Erfolg einzig und allein Ihrer harten Arbeit zu verdanken haben und »nicht irgendwelchem Hokuspokus wie der Hilfe von sieben Engeln«. Wie konnten Sie nur jemals so einen Unfug glauben?

Was aber geschieht nun wirklich? Wenn wir nicht loslassen, werden wir alles verlieren, was wir haben. Und wir lernen bald, dass das, was wir in diesen dunklen Momenten für die Wahrheit halten, nicht stimmt.

Einer meiner Klienten ist dafür das beste Beispiel. Bill wollte ein Restaurant eröffnen, hatte aber kein Vertrauen in seine Fähigkeit, mit den Geldgebern, Lieferanten und Pachtherrn zu verhandeln. Er kam zu mir, weil er alles Mögliche ausprobiert hatte (Selbstbehauptungstraining, Gesprächstherapie und anderes), aber nichts hatte funktioniert. Seine Ängste waren so stark wie eh und je, also blieb ihm nur noch der Weg, spirituelle Hilfe zu suchen.

Ich half ihm, um die Führung zu bitten, die er brauchte, und das Vertrauen zu entwickeln, dass er sie bereits hatte. Er rief den Engel der Stärke an (auch wenn er es anfangs gar nicht bemerkte) und bat um die Kraft, seinen ausgefeilten Geschäftsplan ausführen zu können. Und er bat um die »Stärke«, in seinem Streben nicht nachzulassen, nicht aufzugeben, auch wenn er mit vielen Menschen verhandeln musste, die als schwierig bekannt waren.

Die Stärke, um die er gebeten hatte, wurde ihm zuteil: Vom ersten Verhandlungstag bis zur Eröffnung des Restaurants liefen die Dinge außergewöhnlich glatt. Viele seiner Vertragspartner, die er vorher so gefürchtet hatte, waren mittlerweile seine Freunde. Später, als er von den sieben Engeln erfuhr, wurde ihm klar, dass der Engel der Stärke ihm geholfen hatte. Welcher andere Engel hätte ihm sonst diese unglaubliche Kraft verleihen können, mit der er alles geschafft hatte?

Später aber kamen seine alten Ängste und Überzeugungen zurück und er begann, an der Quelle seiner Hilfe zu zweifeln. Bald war er davon überzeugt, dass aller Erfolg einzig und allein auf seine Anstrengungen zurückging. Natürlich hatte seine Willenskraft ihm geholfen, das Restaurant auf die Beine zu stellen. Doch weil er den Kontakt mit den Engeln, welche dem Engel der Stärke in der »Hierachie« vorausgehen, erst gar nicht gesucht hatte, hatte sein Erfolg kein solides Fundament, auf dem er aufbauen konnte. Schon nach kurzer Zeit war er wieder ganz der Alte – verschlossen, nervös und misstrauisch. Er vertraute seinen Lieferanten nicht mehr, die bald aufhörten, ihm die Sonderkonditionen einzuräumen, die sie ihm vorher freiwillig angeboten hatten. Der sonst so erfolgreiche Restaurantbetrieb litt schnell unter seinem Kontrollzwang, der ihn zu falschen Handlungen und Entscheidungen motivierte.

Die Engel wollen uns wissen lassen, dass die Hilfe, die uns zur Verfügung steht, grenzenlos ist und dass wir in jedem Moment unseres Lebens mehr innere Führung erfahren, als wir ahnen. Doch diese Gaben sind nicht auf ewig unser »Eigentum«. Wir müssen sie hegen und pflegen; müssen offen bleiben, bereit zu wachsen und uns zu verändern. Spirituelles Wachstum und geistiger Erfolg bleiben uns nur dann erhalten, wenn wir ihren kontinuierlichen Fluss erkennen können. Akzeptieren wir, dass die Hilfe unserer Engel ein Strom ist, für den wir uns öffnen müssen, und zwar mit ganzem Herzen, so werden wir dauerhaften Erfolg haben. Der beste (und auf Dauer gesehen auch der einzige) Weg, um das in die Tat umzusetzen, ist, sich mit der gesamten Ordnung der sieben Engel auseinander zu setzen.

Denn letztlich brauchen wir all ihre Kräfte. Wie Bill so erleben auch wir Augenblicke der Angst, in denen wir fürchten, den Sprung, den die Engel von uns erwarten, nicht tun zu können. Mitunter haben wir das Gefühl, unseren Besitz festhalten zu müssen, da uns sonst alles verloren geht. Es ist nur menschlich, sich vor der Veränderung zu fürchten, Risiken, welche die Engel uns nahe legen, nicht eingehen zu wollen. Glücklicherweise helfen die Engel uns auch in diesen Phasen. Sie überreichen uns nicht nur die Gaben, die sie für uns haben, sondern bereiten uns auch auf den nächsten Engel vor, zu dem wir aufsteigen werden. Mit der Hilfe dieser wunderbaren Geschöpfe hoffe ich, hier für Sie dasselbe tun zu können.

Weshalb der Engel der Vision an erster Stelle steht

Bill hatte ganz sicher ein Bild im Kopf, wie sein Restaurant aussehen sollte, was er aber bestimmt nicht hatte, war eine entsprechende Vision. Der Engel der Vision schenkt nämlich weit mehr als nur den Blick durch den Tunnel, an dessen Ende das erscheint, was wir wünschen oder brauchen. Eine Vision reicht weiter als ein Bild dessen, was wir wollen, selbst wenn unsere Phantasie es geschaffen hat. Und was noch wichtiger ist: Eine Vision ist ein Geschenk. Die Information, die in einer wirklichen Vision steckt, ist unschätzbar wertvoll, denn sie erlaubt uns nicht nur das Leben zu sehen, das wir uns wünschen, sondern enthüllt uns auch, wie wir zu dem Leben, das wir jetzt führen, beitragen. Sie ermöglicht es uns, unsere Gewohnheiten und Verhaltensmuster zu erkennen.

Der erste Schritt zu diesem wichtigen Punkt, von dem aus unsere Reise beginnt, ist einfach: Bitten Sie diesen Engel um die Gabe der Vision. Bitten Sie ihn, Ihnen alles zu enthüllen, was Sie wissen müssen, um Ihr Lebensziel zu erreichen. Häufig wird das von uns formulierte Ziel sich als der Vision nicht angemessen erweisen – nicht mutig genug, nicht ganz vollständig. Eine Vision versorgt uns mit der Information, die wir brauchen, um unsere Berufung zu finden. Eine meiner Klientinnen, Andrea, erfuhr das bald, nachdem sie den Engel der Vision um Hilfe gebeten hatte. Andrea war Ende dreißig, als sie zu mir kam. Sie war allein erziehende Mutter von zwei Kindern im Teenageralter, hatte gerade ihren Job verloren und keine Ahnung, wie sie ihre Rechnungen, vor allem die Raten für die Hypothek, bezahlen sollte. Sie war sicher, dass sie bald auf der Straße sitzen würde, und hatte keine Idee, wie sie die Flutwelle, die sie da mitten ins Verderben zu reißen schien, aufhalten konnte. Sie steckte voller Angst und war entsprechend verschlossen. »Ich weiß einfach nicht, wie ich das schaffen soll!«, sagte sie ein ums andere Mal wie eine Art negatives Mantra vor sich hin. Sie fühlte sich machtlos, war davon überzeugt, in ihrem Leben nichts zum Positiven verändern zu können.

Ich bat sie, sich an ihre Kinderzeit zu erinnern, in der sie ganz selbstverständlich getan hatte, »als ob ...«. Oder an ihre eigenen Kinder zu denken, die, als sie noch klein waren, eine ganze magische Welt für sich ersonnen hatten, in der sie dann spielen konnten. In diesen kindlichen Zustand einzutreten fiel Andrea erstaunlich leicht. Die Freiheit, die sie dort erfuhr, war sehr viel schöner als das Katastrophenszenario, das sie in der »realen Welt« der Gegenwart erlebte. Ihr Gesicht wurde weicher und sie begann zu lächeln, als sie sich in diese Zeit zurückversetzte. »Jetzt«, sagte ich zu ihr, »haben Sie den richtigen Job, der Ihnen erlaubt, alle Rechnungen zu bezahlen und das zu tun, was

Ihnen Spaß macht. Wiederholen Sie diesen Satz nun in der Ich-Form.« Andrea tat wie geheißen.

Dann bat ich sie, den Engel der Vision um Hilfe anzurufen. Ich wiederum erhielt von meinen Engeln ein klares Bild von einem vorübergehenden Job in einem Filmstudio, den man ihr anbieten würde. Ich wusste, dass dies der Anfang von etwas völlig Neuem werden und sie in eine Richtung lenken konnte, die ihrem Traumjob entsprach. Daraufhin erzählte sie mir, dass sie immer schon Drehbücher hatte schreiben wollen. Als man ihr die Stelle anbot, riet ich ihr, sie anzunehmen. Aber zunächst solle sie sich so verhalten, als ob sie den Traumjob bereits hätte, und um eine Vision bitten, die ihr das Leben, das sie führen wollte, so klar als möglich vor ihrem geistigen Auge erscheinen lassen würde.

Innerhalb einer Woche nach unserer Sitzung erhielt sie das Angebot, das ich für sie gesehen hatte. Anfangs beschwerte sie sich: »Aber es ist nur eine Teilzeitstellung, ich brauche ganztags Arbeit.« Ich empfahl ihr, sich trotzdem darüber zu freuen, da diese Position unweigerlich zu etwas Größerem und Besseren führen würde. Andrea arbeitete als Assistentin in der Werbeabteilung und so musste sie dort auch schreiben, und als sie ihrem Chef die ersten Arbeitsproben zeigte, war er begeistert. »Sie sind wirklich gut!«, meinte er. Innerhalb von zwei Wochen war aus der Teilzeit- eine Vollzeitbeschäftigung geworden.

»Aber ich möchte doch Drehbücher schreiben!«, beklagte Andrea sich bei der nächsten Sitzung. Ich riet ihr nochmals, um eine Vision zu bitten, die ihr zeigen sollte, wie dieses vollkommene Leben für sie aussehen würde – eine Vision also von ihr als Drehbuchautorin und dem Leben, das sie führen würde, und zwar in einer Form, die das Bild bereits als Wirklichkeit ansah. »Dieses Leben ist jetzt schon da! Ich möchte, dass Sie auf diese Weise daran denken.« Und der Engel der Vision erlaubte ihr, ihr Leben als Drehbuchautorin so zu sehen, als sei es bereits Wirklichkeit. So konnte sie ein Leben erfahren, das sie sich jetzt noch nicht zutraute. Der Engel der Vision zeigt uns, wie wir handeln, wenn unser »Bild« Wirklichkeit geworden ist.

Am nächsten Tag drückte Andreas Chef ihr ein Buch in die Hand, von einem seiner Freunde, und bat sie, es in ein Drehbuch umzuschreiben. Er meinte, er könne das Filmstudio vielleicht dazu bringen, einen Film daraus zu machen, und Andrea sei eine geborene Drehbuchautorin.

Und der Fluss der Fülle hüllt Andrea bis heute ein, weil sie nicht nachlässt darin, ihm ein offenes Herz zu bieten. Doch was sie aus dem Umgang mit diesem Überfluss gelernt hat, ist fast noch wichtiger. Wie Sie sehen können, fielen die Dominosteine genau zur richtigen Zeit in die richtige Richtung, als die Dinge einmal ins Rollen gerieten – das Jobangebot; die Vollzeittätigkeit; der Schwerpunkt »Schreiben«; die Tatsache, dass ihr Chef ihr Talent erkannte, was wiederum dazu führte, dass er ihr das Angebot machte, ein Drehbuch zu schreiben. Doch an jedem Punkt in ihrem Leben, der die Aussicht auf Veränderung bot, reagierte Andrea erst einmal mit einem Aber: »Aber es ist doch nicht Vollzeit, aber ich möchte doch Drehbücher schreiben usw.«

Der Engel der Vision schenkte Andrea also nicht nur ein Bild dessen, was sie wünschte, und erlaubte ihr zu begreifen, wie leicht das alles zu erreichen war, er gab ihr außerdem die Chance, sich mit ihrer Skepsis auseinander zu setzen. Denn ihr Widerstand gegen Veränderungen war letztlich das eigentliche Problem. Der Engel der Vision hält uns automatisch einen Spiegel vor, so dass wir nicht nur sehen können, wie leicht der universelle Fluss des Lebens in unsere Richtung zu lenken ist, sondern auch, dass wir selbst es sind, die ihm Hindernisse entgegensetzen – und zwar mit unseren Ängsten und unserer Vorstellung, dass wir diese unendliche Fülle, die zu uns kommen »möchte«, nicht verdienen.

Das Problem liegt nicht darin, das Gewünschte zu bekommen, sondern es anzunehmen, wenn es da ist!

Und Andreas Geschichte ist noch nicht zu Ende. Während ich an diesem Buch sitze, arbeitet sie an ihrem Drehbuch. Doch das Leben hatte ihr noch mehr zugedacht. Aus Jux bewarb sie sich um einen Platz bei einer Gameshow im Fernsehen, wurde auch tatsächlich eingeladen und gewann 30 000 Dollar. »Darum hatte ich nicht einmal gebeten«, sagte sie glücklich, wenn auch ein wenig irritiert. Und was (für Andrea) fast noch unglaublicher war: Bei der Show lernte sie einen gut aussehenden Mann kennen, es funkte sofort und seitdem gehen die beiden miteinander aus. Doch diese enorme Glückssträhne löste in ihr nicht nur positive Gefühle aus: »Ich bin es einfach nicht gewöhnt, dass alles glatt geht. Am liebsten würde ich mich eine Zeit lang hinter heruntergelassenen Rollläden verstecken. Das kann doch wohl nicht so weitergehen!«

Mit der Hilfe des Engels der Vision begann sie zu erkennen, dass Spaß und materieller Erfolg zwar jederzeit verfügbar waren, dass sie jedoch auf fruchtbaren Grund fallen mussten, wenn sie sich verwurzeln sollten. Wie Regen, der nur in fruchtbarer Erde genügend Nährstoffe lösen kann, um damit die Pflanzen eines Gartens zu versorgen. Andrea wurde langsam klar, dass sie sich selbst lieben musste, damit sie das Gefühl entwickeln konnte, das alles zu verdienen. Erst dann würde sie die Fülle, die ihr zuteil geworden war, auch wirklich annehmen können.

Der Engel der Vision führt uns in Situationen, in denen wir genau diese Lektion lernen sollen. Bedauerlicherweise sind die Ängste bei manchen Menschen so groß und sie vertrauen außerdem ihren eigenen Fähigkeiten nicht, so dass sie für diese Einsicht blind bleiben – was manchmal schreckliche Konsequenzen nach sich zieht.

Jack, 35, kam vor etwa zehn Jahren von einer Farm in Nebraska nach Los Angeles. Er erzählte, dass er sich anfangs immer wie ein Hinterwäldler gefühlt habe: »Ich glaubte immer, all das irgendwie ausgleichen zu müssen, was ich in der Zeit, die ich mit Hühnern und Kühen statt mit Menschen verbracht hatte, nicht gelernt hatte.« Also stürzte er sich in die Welt der Bildung, las zahllose Bücher, fuhr nach Europa, um »kultivierter« zu werden, wurde ein Experte für Ibsen und Strindberg und kehrte in die USA zurück, entschlossen, am »oberen Ende« der Unterhaltungsindustrie einzusteigen. »Ich wollte für *Merchant Ivory* oder andere hochklassige Filmfirmen das Casting machen«, erzählte er. »Dabei malte ich mir immer aus, wie ich mit Leuten wie Emma Thomson oder Daniel Day-Lewis zu Mittag essen würde.«

Stattdessen erhielt er eine Tätigkeit in einer Agentur, wo er mit drittklassigen Schauspielern zu tun hatte, die weit weniger eindrucksvoll waren als die Klientel, die er sich erträumt hatte. Als er das Gefühl hatte, aus der Kelleretage nie mehr herauszukommen, wandte er sich an mich. Ich wusste, dass Jack die Hilfe des Engels der Vision brauchte. Auch hier ging es nicht nur darum, dass er lernte, das Leben, das er sich wünschte, vor sich zu sehen und so zu handeln, als ob es bereits Wirklichkeit sei. Meine Engel hatten mir nämlich mitgeteilt, dass das, was ihn tatsächlich an der Verwirklichung seines Traumes gehindert hatte, sein eigenes Gefühl der Wertlosigkeit war, das er auf dem Grunde seiner Seele erkennen musste. Er meditierte mit mir zusammen und erzählte mir von all den tollen Dingen, die er umsetzen würde, wenn er nur seine eigene Agentur hätte. Ich teilte ihm mit, dass ich einen Partner für ihn sehen konnte, der ihn bereitwillig finanzieren würde, wenn er einen gut ausgearbeiteten Geschäftsplan vorlegen und seine Pläne detailliert beschreiben könne. Diese Vision konnte er voll und ganz akzeptieren: Zwei Wochen nach unserer Sitzung lernte Jack auf einer Party einen reichen Mäzen kennen, der sich gerade als Investor nach einer Agentur umsah, wie Jack sie mir beschrieben hatte.

Wie bei Bill so kam auch Jacks Erfolg plötzlich und in überwältigendem Maße. Er graste sämtliche großen Schauspielschulen ab und konnte dort die besten Abgänger unter Vertrag nehmen. Das gab ihnen den »Initialschub« für ihre Karriere und sehr bald hatte seine Agentur einen hervorragenden Ruf. So begann das Geld zu fließen. Und das Prestige.

Damit einher gingen leider auch Unmengen von Kokain. Die Unterhaltungsindustrie ist bekannt für ihren leichtfertigen Umgang mit Drogen und Jacks seelische Struktur prädestinierte ihn geradezu für eine »Suchtkarriere«. Doch er gab sein Geld nicht nur für Kokain aus. Teure Reisen, ein großes Auto und eine Traumwohnung, die er sich eigentlich nicht leisten konnte. Nun ja, Sie erkennen wahrscheinlich allmählich, worauf das Ganze hinauslief. Das Kartenhaus seines Erfolges geriet ins Wanken. Es war nur eine Frage der Zeit, wann das Ganze über ihm zusammenbrechen würde.

Jacks Schicksal macht mich traurig – wie es vermutlich auch Sie traurig macht, entweder, weil Sie sich in ihm wiedererkennen, oder, weil auch Sie jemanden kennen, dessen (dem Betreffenden selbst weitgehend verborgener) Selbsthass ihm ständig neue Fußangeln legt. Der Engel der Vision schenkt uns also weit mehr als nur ein oberflächliches Bild des künftigen Erfolges. Weil er dieses »Mehr« nicht sehen konnte, weil er das Gesamtbild, das ihn und sein Leben umfasste, nicht wahrnehmen mochte, verlor Jack alles, was er sich aufgebaut hatte.

Man kann es gar nicht oft genug sagen: Damit unser Erfolg dauerhaft wird, brauchen wir entsprechende geistige Grundlagen. Der Engel der Vision zeigt Ihnen sozusagen, wo Sie den »ersten Spatenstich« ansetzen müssen, um dieses Fundament zu schaffen. Es genügt nicht, um die Hilfe der Engel nur zu bitten, wir müssen sie auch annehmen können. Und zwar in ihrer Gesamtheit. Das bedeutet, dass wir eine Vision von uns selbst erhalten. Damit einher gehen Hinweise auf die Punkte, an denen wir an uns arbeiten, uns verändern müssen, um das zu tun, was dieser und all die anderen Engel von uns wollen: wachsen und gedeihen.

Stellen Sie sicher, dass alle Ebenen Ihrer Vision zu dem beitragen, was Sie wollen

Wir bekommen immer, was wir wollen. Zunächst klingt das vielleicht verrückt: »Aber ich will gar nicht pleite sein. Oder den grässlichen Job und diese fürchterliche Beziehung haben. Was erzählen Sie denn da?«

Nun, diese Weisheit stammt natürlich nicht von mir, sondern vom Engel der Vision. Das Gesamtbild Ihrer Vision beschränkt sich nun einmal nicht nur auf die Karotte, die vor Ihrer Nase baumelt und Sie motiviert. Dazu gehören zum Beispiel auch die Einflüsse, die Vergangenheit und Gegenwart auf Ihr künftiges Leben ausüben. Damit das wundervolle Geschenk des Engels der Vision Wirkung entfalten kann, müssen Sie es so betrachten, als sei es bereits Wirklichkeit. Aber Sie müssen auch Mitgefühl für die Wunden Ihrer Vergangenheit, Ihrer Kindheit entwickeln. Anfangs erzählte Jack mir davon nichts, später aber stellte sich heraus, dass sein Vater Alkoholiker gewesen war, »ein Alkoholikerfarmer«, wie er es nannte, was bedeutete, dass »er seinen eigenen Maisschnaps brannte und die Farm vor die Hunde gehen ließ«. Jack war als Kind regelmäßig geschlagen worden, und zwar nur, weil sein Vater dachte, das würde ihn »abhärten«.

Solche Wunden brauchen Zeit zum Heilen. Die Engel helfen uns dabei. Aber wenn wir uns weigern, die Wunde zu erkennen, gibt es keine Heilung. Das bedeutet nicht, dass wir uns in Selbstmitleid suhlen oder die Vision unseres Lebens auf unseren Verletzungen aufbauen sollen. Es genügt, wenn wir sie einfach akzeptieren. Tun wir das nicht, können wir uns darauf verlassen, dass ihr Einfluss unser Leben sabotieren wird. Wie Bill (der auch ein Kindheitsproblem gehabt hatte, das er sich nicht hatte eingestehen können) und wie Jack.

Schon beim ersten Engel unserer »himmlischen« Hierarchie gibt es also etwas ganz Wesentliches zu lernen: Ja, der Engel der Vision möchte, dass Ihr Leben ein Fest wird, und er wünscht, dass sie sich dieses Fest so detailliert als möglich vorstellen (und dabei nicht vergessen, auf Ihre verborgenen Beweggründe zu achten), damit Sie es tatsächlich in die Tat umsetzen können. Doch wie wir immer und immer wieder feststellen werden, besteht die Aufgabe der Engel nicht nur darin, ihre speziellen Gaben auszuteilen, sondern auch darin, uns zu heilen, so dass unsere freudvolle Erfahrung nicht von alten Wunden beeinträchtigt wird, vor allem von solchen, die wir aus unserer bewussten Wahrnehmung verbannt haben. Meine Erfahrungen mit dem Engel der Vision beinhalten stets diese Qualität. Sie bereiten mich auf den nächsten Schritt vor. Er schenkt mir die Vision und lädt mich gleichzeitig ein, mich dem hinzugeben, was ich verstehen muss, damit ich die Vision Wirklichkeit werden lassen kann. Anfangs wirkt das häufig ein wenig erschreckend, denn wir benötigen dazu vor allem Vertrauen. Vertrauen in die Führung, die uns angeboten wird; Vertrauen in die Tatsache, dass wir den Schritt, den unser Engel uns nahe legt, auch wirklich tun müssen, um die nächste Stufe des Wachstumsprozesses zu erreichen. Ich hatte damals immer noch Probleme, das zu akzeptieren, was der Erzengel Michael mir sagte (nämlich dass ich mir keine Sorgen wegen meines materiellen Wohlergehens machen müsse, obwohl ich in Paris ohne Job und ohne Wohnung dastand), trotzdem er sich mir gezeigt hatte. Erst als ich ein zweites Mal mit der Gabe seiner Gegenwart gesegnet wurde, war ich in der Lage, die ängstlichen Gedanken in meinem Kopf loszulassen.

Heilung ist letztlich das Ziel aller Engel, auch wenn es anfangs für uns nicht so aussehen mag. Das Gute daran ist, dass wir unsere »Karotte« haben *und* geheilt werden können. Tatsächlich ist eines nicht ohne das andere möglich.

Nehmen Sie Marie als Beispiel. Auch bei ihr kam der berufliche Erfolg schnell und nahm geradezu unglaubliche Ausmaße an. Und doch lag in ihr etwas verborgen, gegen das sie sich so gründlich verbarrikadiert hatte, dass ihr keinerlei bewusste Erinnerung mehr geblieben war. Wie die Erbse im Märchen »Die Prinzessin auf der Erbse«, so machte auch dieser »dunkle Fleck« sich durch die dicken Matratzenschichten von Erfolg und Komfort irgendwann einmal bemerkbar. Je klarer für sie wurde, wie sie wirklich leben wollte, umso deutlicher zeichneten sich verschiedene Hindernisse aufgrund ihrer verzerrten Wahrnehmung ab. Doch wie Sie sehen werden, gaben Maries Engel ihr auch die Mittel an die Hand, um sich der inneren Blockade zu stellen und sie dann loszulassen.

Marie ist Französin und kam mit ihrem Ehemann in die USA. Von dem Augenblick an, als sie ihren Fuß auf amerikanischen Boden gesetzt hatten, ging mit ihrem Mann eine seltsame Wandlung vor sich. Er begann sie zu schlagen und sie auszunutzen. Der Mann, den sie in Frankreich geheiratet hatte, schien vollkommen verschwunden zu sein. »Ich wusste nicht, was ich tun sollte. Ich sprach zwar genug Englisch, um zurechtzukommen, aber wir hatten ja schließlich eine kleine Tochter. Mir war klar, dass ich mit ihm nicht leben konnte. Ich musste mich scheiden lassen. Und es schien ihm völlig egal zu sein, was aus mir und dem Kind wird. Er behauptete sogar, Jackie, die gemeinsame Tochter, sei gar nicht sein Kind.«

Marie kam zu mir, ohne sich allzu viel davon zu versprechen. Ein Freund hatte ihr geraten, zu einem *Reading* zu mir zu kommen, und sie wollte es ausprobieren, erwartete aber keine wirkliche Hilfe. Als ich sie darin unterstützte, geistig klar zu werden und zu meditieren, erhielt ich fast sofort das Bild von einem Kosmetiksalon in Beverly Hills, dessen Besitzerin Marie war. Ich beschrieb ihr die Vision und Marie lachte: »Ja, als ich hierher kam, hätte ich gern einen kleinen Laden für aromatherapeutische Essenzen eröffnet, aber ich habe dabei nie an Beverly Hills gedacht. Das ist doch sicher zu viel New Age für all die schicken Leute!« Doch sobald die Vision einmal offen lag, fing sie an, sich zu verwurzeln.

Kurz gesagt: Marie begann, Blütenessenzen aus Frankreich zu importieren und sie zuerst von zu Hause aus und später – Sie werden es bereits erraten haben! – in einer Boutique in Beverly Hills zu verkaufen. Wie bei Jack, Bill und Andrea war auch Maries Unternehmen sofortiges Gelingen beschieden. Sie hatte teil an der gewaltigen Fülle des Universums und der Erfolg, den sie niemals für möglich gehalten hatte, kam zu ihr.

Gleichzeitig aber tauchte in Maries Leben eine Reihe von Männern auf, die fast genauso gewalttätig waren wie ihr Ehemann, von dem sie mittlerweile geschieden war. »Warum passiert mir das immer und immer wieder?«, fragte sie mich. Und ich riet ihr, um Führung und Hilfe zu bitten, damit sie das, was mit ihr geschah, durchschauen könne. Auch hier war die Hilfe des Engels der Vision vonnöten. In einer geleiteten Meditation beschrieb Marie mir folgende Vision: »Meine Mutter steht vor mir. Sie weint … Ich höre Stimmen im Haus. Gebrüll. Und meine Mutter, die zurückschreit: ›Nein, ich gehe da nicht mehr hinein.‹ Irgendwo ist offensichtlich ein schrecklicher Kampf im Gange. Aber ich kann nicht erkennen, worum es geht.« Dann hielt Marie einen Augenblick inne. Tränen sammelten sich in ihren Augen und begannen, immer schneller zu fließen. »Es geht um mich«, sagte sie schließlich. »Mein Vater, mein Vater …« Sie konnte den Satz nicht vollenden.

Marie hatte sich an etwas erinnert, was sie als Erwachsene vollkommen aus ihrem Gedächtnis verbannt hatte. In Ihrer Jugend (»Nach meinem zwölften Geburtstag war alles wieder vorbei.«) hatte ihr Vater seinen Job verloren und die Familie hatte kein Geld mehr. In dieser kurzen Zeit war ihr Vater schrecklicher Laune und er ließ sie an seiner Familie aus. »Mein Vater hatte mich niemals zuvor geschlagen und hat es auch danach nie mehr wieder getan. Diese schreckliche Verirrung verging, Gott sei

Dank, so schnell, wie sie gekommen war. Er ist meistens ein sehr liebevoller Vater gewesen. Nur in diesem einen fürchterlichen Jahr, als er vollkommen die Kontrolle verlor ... Ich dachte nicht, dass es wichtig ist, weil es ja nicht lang gedauert hatte. Aber wahrscheinlich ...«

Diesen alten Schmerz und seine Quelle wiederzuentdecken tat Marie unendlich gut. Doch die Heilung ging nicht ohne Hilfe vonstatten. Sie brauchte die Unterstützung ihres Engels. Und sie musste begreifen lernen, dass die Führung, die ihr zuteil wurde, grenzenlos war, so dass sie sie am Ende auch mit Männern in Kontakt bringen würde, die für sie wirklich gut waren, die sie lieben würden und denen sie diese Liebe zurückgeben konnte. Dazu aber brauchte sie – wie wir alle – die Hilfe des nächsten Engels in der Hierarchie – des Engels der Weisheit.

4 Der Engel der Weisheit

Nun wissen Sie, dass der Engel der Vision Ihnen mehr zu bieten hat als nur ein Bild von dem Leben, das Sie erträumt, ersehnt oder im Gebet herbeigewünscht haben. Weil Sie in die Vision regelrecht »eingetreten« sind, können Sie sicher sein, dass es sich dabei nicht nur um ein Hirngespinst handelt. In gewisser Weise ist Ihre Vision bereits Wirklichkeit – eine Art noch nicht geborener Wirklichkeit, die aus der Lebhaftigkeit Ihrer Vorstellung entstehen wird. Sie ist das machtvolle Versprechen des Engels der Vision, dass das, was Sie »sehen« können, Ihnen zuteil werden wird. Der *Wille* dieses Engels ist eben das, was Sie ins Leben rufen möchten. Einer der wunderbarsten Aspekte dieser Engelskraft ist, dass sie Ihnen ermöglicht, sich das Leben, das Sie sich wünschen, *jetzt und hier* vorzustellen – so »als ob« es längst Wirklichkeit wäre. Denn in gewisser Weise *ist* die Vision ja schon Realität, weil Sie ihr als Bild Leben eingehaucht haben. Und der Engel der Vision schenkt Ihnen nicht nur die Gewissheit, dass diese Vision umsetzbar ist, sondern zeigt Ihnen auch, dass das klare »Sehen« der erste Schritt hin zu ihrer Verwirklichung ist.

Doch bevor dieser Prozess beginnt, in dem Ihre Träume Wirklichkeit werden, brauchen Sie noch die Hilfe eines anderen Engels, der Ihnen ebenso gern zur Seite steht, um Ihnen zu helfen – indem er Ihre Konzentration lenkt, ein paar praktische Verbesserungen vornimmt (und natürlich auch einen neuen »tieferen Sinn« mitbringt). Dieser Engel steht Ihnen bereits zur Seite, ja er hilft Ihnen jetzt im Augenblick – es ist der Engel der Weisheit.

Dieser Engel schenkt Ihnen etwas wirklich Wichtiges, nämlich die praktische Fähigkeit, Ihren Traum in die Tat umzusetzen, also »das Rechte« zu tun – eine Gabe, ohne die letztlich nichts je Wirklichkeit wird. (Eine Vision ohne das nötige Maß an praktischem Handeln ist Wunschdenken, nicht mehr und nicht weniger.) Die Weisheit dieses Engels enthüllt Ihnen, was genau Sie tun müssen, um Ihr persönliches Wunder geschehen zu lassen.

Was aber, wenn Sie immer noch nicht wissen, welches Ziel Sie eigentlich verfolgen? – So wichtig nämlich eine allgemeine Vision ist, wenn wir sie Stück für Stück wirklich werden lassen möchten, müssen wir doch zuerst ein »Motiv« haben, das aus unserem Herzen erwächst. Letztlich ist es das, was ich ein »inneres Ziel« nenne. Der Engel der Weisheit hilft uns, es zu entdecken und zu akzeptieren: unser eigentliches *Ziel.*

Nichts Wertvolles wurde je geschaffen ohne konzentrierte Energie. Doch wenn wir uns ein Ziel setzen, gehen wir darüber noch hinaus. Eine Zielvorstellung hat etwas mit Leidenschaft und Anteilnahme zu tun. Sie kommt aus unserem tiefsten Inneren und lenkt unser Handeln. Letztlich handelt es sich dabei um die persönliche und emotionale Energie, die wir in den Prozess und das Resultat unserer »Traumerschaffung« investieren. Und wenn Sie sich bewusst dafür entscheiden, die Energie der Engel für dieses »innere Ziel« zu erbitten (vor allem die Energie des Engels der Weisheit, der Ihnen helfen wird, Ihre kreative Kraft freizulegen und sie einzusetzen), werden unter Garantie wahre Wunder geschehen. Unvorhergesehene Unterstützung aus völlig unerwarteten Quellen wird auf Sie zukommen. Vielleicht erhalten Sie plötzlich Besuch von Freunden, die Sie seit einer Ewigkeit nicht mehr gesehen haben, oder jemand ruft Sie aus Übersee an.

Scheinbar zufällige Begegnungen, nützliche Reisebekanntschaften, finanzielle oder kreative Hilfen: Alle Arten von »Glück« können sich ereignen, wenn die Engel beteiligt sind. Möglicherweise stellt man Sie Menschen vor, die Sie immer schon mal kennen lernen wollten. Und das sind nur einige wenige Beispiele dafür, was sich ergeben kann, wenn wir eine klare Zielvorstellung haben, in die unser Gefühlsleben mit einbezogen ist (wenn der Engel der Weisheit uns unterstützt). Glücksfälle und nützliche Zufälle häufen sich und lassen den Segen der Engel auf uns herniederregnen.

Ein weiteres Wunder wartet auf uns.

Das größere Ganze: der karmische Anteil der Weisheit

Klarheit – die Klarheit der inneren Absicht, des »inneren Ziels«, das Sich-Klarmachen, was man eigentlich wirklich will – und die Intensität des eigenen Engagements, mit dem man sich emotional am Ergebnis beteiligt: Wenn diese Voraussetzungen vorhanden sind, wird der Engel der Weisheit uns enthüllen, was genau wir unternehmen müssen, um unser Ziel Wirklichkeit werden zu lassen. Doch er fordert uns noch in anderer Hinsicht: Er will, dass wir wissen (und uns das immer wieder klar machen), dass unsere Vision nach Verwirklichung strebt. Ja mehr noch, dass sie Wirklichkeit werden »soll«.

Diese Vorstellung, dass es Visionen gibt, die ihrer Erschaffung geradezu zustreben, bringt einen anderen Aspekt der Weisheit dieses Engels zum Vorschein: das Wissen um *Karma*. Karma ist ein Begriff, der viele verschiedene Interpretationen erfahren hat. Hier soll er nur in einer bestimmten Bedeutung gebraucht werden: Karma ist unsere Lebenserfahrung. Es ist der »Stoff« unseres Lebens, mit dem wir uns auseinander setzen müssen, die Konsequenz unserer früheren Handlungen, die ein spirituelles

Ungleichgewicht geschaffen haben – ob nun in diesem oder in anderen Leben. Die Engel (vor allem der Engel der Weisheit) führen uns zurück ins Gleichgewicht. Sie helfen uns, unsere »Schulden« abzutragen; anderen »die Vorfahrt zu lassen«, aber auch uns selbst Gutes zu tun. Ihr Werk sind all jene »Maßnahmen«, die Entscheidungen und Handlungen, welche aus mangelndem Verständnis getroffen und ausgeführt wurden, wieder rückgängig machen können, vor allem solche aus früheren Leben.

Lassen Sie sich nicht abschrecken, wenn Sie nicht an frühere Leben oder an »Karma« glauben. Hier ist es wie mit den anderen kosmologischen Fragen. Im Augenblick sind sie nicht so wichtig. Die Führung, die Sie von den Engeln erhalten, wird Ihnen reichlich Hilfe zuteil werden lassen, ganz egal, was Sie über das Universum und wie es funktioniert denken! Ob Sie die Hilfe der Engel nun einsetzen, um schlechte Gewohnheiten oder eine negative Einstellung zu ändern, oder ob Sie es als »Rückzahlung einer karmischen Schuld« erleben, ist letztlich doch nicht entscheidend, weil Sie die nötige Unterstützung in jedem Fall erhalten werden. Und das ist schließlich alles, was zählt, oder nicht?

Die Führung, die der Engel der Weisheit uns angedeihen lässt, scheint immer sozusagen »auf Raten« zu kommen, weil seine Kraft so viele verschiedene Aspekte umfasst. Diese einzelnen Lernphasen sind stets nötig und wichtig, auch wenn sie anfangs frustrierend und unbegreiflich wirken. Doch durch diese Erfahrungen müssen wir meist einfach hindurchgehen, bevor wir die »wahre« Vision des Lebens, das wir ersehnen, empfangen können (die sich meist von dem, was wir glauben, wünschen zu müssen, unterscheidet). Sie müssen sich das vorstellen wie die einzelnen Phasen einer Lehrzeit, die nur in ihrer Gesamtheit den fertigen Gesellen oder Meister ergeben.

Der Engel der Weisheit lehrt uns, dass nichts ohne Grund geschieht. Kein Fünkchen Engelenergie wird ohne Bedacht eingesetzt. Wir erhalten immer, was wir brauchen. Und niemals mehr, als wir ertragen können. Meine eigene Geschichte ist dafür das beste Beispiel. Es begann mit der Vision der Engel in Notre Dame. Damals dachte ich, ich müsse unbedingt in Frankreich bleiben. Doch schließlich trug mich das Schicksal nach Los Angeles zurück, wo – wie ich allmählich einsah – das Zentrum meiner Arbeit liegen sollte. Erst als ich Stück für Stück mehr Informationen von spirituellen Lehrern, Führern und Engeln aufzunehmen vermochte, enthüllte sich mir meine wahre Lebensaufgabe: die Arbeit als medialer Berater mit Hilfe der Engel. Jeder einzelne Schritt zu dieser Erkenntnis fühlte sich an wie ein Sprung in den Abgrund. Doch der Engel der Weisheit verließ mich nicht – bis heute. Und eine der Lektionen dieses Engels zeigt mir, dass ich viele starke karmische Bindungen habe: zu einzelnen Menschen; zu Frankreich; zu der Arbeit, die ich jetzt tue, usw.. Je mehr ich mich der Führung des Engels der Weisheit überlasse, desto einfacher scheinen diese karmischen Bindungen sich zu lösen – manchmal entwickeln sich daraus sogar völlig neue, unvorhergesehene Freundschaften und Möglichkeiten.

Ein geheimer (Lebens)Entwurf

Daryas Erfahrung mit den Engeln der Weisheit und der Vision war zunächst sehr privater Natur. Sie war Grundstücksmaklerin, doch in den letzten zehn Jahren gewann sie mehr und mehr Abstand zu ihrem Job. Vor allem hasste sie es, am Ende des Monats nach der Anzahl der zustande gekommenen Miet- oder Kaufverträge beurteilt zu werden. »Manchmal«, so erzählte sie, »wenn der Druck von meinem Chef so stark wurde, dass ich das Gefühl hatte, er würde mir regelrecht im Nacken sitzen, verließ ich das Büro unter dem Vorwand, einen Termin mit einem Kunden zu haben. Dann fuhr ich ans Meer, wo ich einfach nur dasaß und weinte.«

Bei einem dieser Ausflüge, wo sie sich offenkundig ein wenig Zeit für sich stahl, kam dann plötzlich etwas hoch, was immer schon in ihr geruht zu haben schien. »Irgendetwas an dieser grenzenlosen Weite des Wassers vor meinen Augen berührte mich«, erzählte Darya. »Die Farben, die sanften Schwünge von Sand und Ozean – ich wusste plötzlich, was ich mit meinem Leben anfangen wollte, und das hatte ganz sicher nichts mit dem zu tun, was ich jetzt machte.« Darya hatte immer schon ein wenig »herumgebastelt«, wie sie das nannte. Sie hatte mit der Inneneinrichtung experimentiert, Farben, Tücher, unterschiedliche Anordnung der Möbel usw.. »Ich arbeitete mit der gesamten Palette von Meeresfarben. So konnte ich weiterhin auf den Ozean schauen, was mir Vertrauen einflößte – etwas, was ich brauchen konnte, wenn ich den Beruf wechseln wollte. Ich benutzte mein eigenes Zuhause als Experimentierfeld und war fest entschlossen, es in eine Art ›Schaufenster‹ zu verwandeln – mit der Absicht, irgendwann einmal als Innenarchitektin zu arbeiten.«

Als ich Darya von den Engeln erzählte, war sie sofort überzeugt, dass bei dem entscheidenden Ausflug ans Meer ihr leiser Wunsch vom Engel der Vision erhört worden war. In diesem Augenblick erhielt sie das Geschenk einer Vision von ihrem späteren Leben als Innenarchitektin. Ihr guter Ruf würde ihr bald genau die Art von Klienten verschaffen, die sie haben wollte, Klienten, die ihr vertrauten und ihr freie Hand ließen, damit sie tun konnte, was ihr gefiel. Ihr Leben würde voll sein von Kreativität und kreativen Menschen, etwas, wonach sie sich schon immer gesehnt hatte und was sie als Maklerin niemals würde umsetzen können. Die Vision ihres neues Lebens war so überwältigend, dass sie ihr Tränen in die Augen trieb.

»Doch diese Tränen wurden zu Tränen des Schmerzes, als ich mir überlegte, wie ich es denn schaffen sollte umzusatteln: Ich war 45, hatte keinerlei Ausbildung als Innenarchitektin und nur sehr wenig Zeit und Geld. Ich war verzweifelt, alle Hoffnung schien verschwunden zu sein. Aber ich wusste, dass ich es irgendwie schaffen musste … zuerst einmal musste ich weiter nebenbei arbeiten. Ich konnte meinen Maklerjob nicht einfach an den Nagel hängen und was Neues machen. Aber aus irgendeinem Grund war meine Hoffnung nicht völlig erloschen. ›Irgendwie muss es einfach gehen.‹, sagte ich mir. Erst viel später merkte ich, dass das mein Hilferuf war – und der Engel der Weisheit antwortete.«

Darya hatte die Idee, Visitenkarten für ihr neues Geschäft drucken zu lassen. »Plötzlich hatte ich eine genaue Vision, wie sie auszusehen hatten. Einerseits kam ich mir richtig blöd vor. Ich hatte ja noch nicht einmal mein Haus fertig, wie sollte ich also jemanden davon überzeugen, dass ich das, was ich zu können vorgab, auch wirklich beherrschte? Aber ich wusste genau, dass ich Visitenkarten brauchte, und das war stärker als meine persönlichen Widerstände. Und ich ließ mir tolles Briefpapier machen. Mein Unternehmen bestand auf Visitenkarten und Briefpapier, lange bevor es Wirklichkeit wurde.«

Doch das sollte sich bald ändern. Sie arbeitete weiter an ihrem eigenen Haus und: »Irgendwie war ich wirklich inspiriert. Ich stelle mir gern vor, dass der Engel der Weisheit mir zur Seite stand und mir die Vorschläge des Engels der Vision weitergab.« Ihr Selbstbewusstsein wuchs. Sie wusste, dass sie genau die Art von »Schaufenster« schuf, die bestimmte Klienten anzog. Dann erzählte einer ihrer Kollegen aus der Maklerfirma, er habe eben 24 Reihenhäuser gekauft und suche nun nach einem Innenarchitekten, der sie ein bisschen aufpeppen sollte, bevor man sie weiterverkaufen würde. »Ich bin Innenarchitektin«, sagte Darya. »Komm und schau dir das Interieur an, das ich gerade geschaffen habe.« Der Kollege war begeistert von der Arbeit, die sie mit wenig Geld in ihrem eigenen Haus geleistet hatte. Und so hatte Darya ihren ersten Kunden. »Eine Minute zuvor hatte ich noch nie ein Haus gestaltet und jetzt sollten es gleich 24 auf einmal sein.« Darya war zufrieden.

Mittlerweile hat sie die Kontakte zu dieser Maklerfirma weitgehend gelöst – wenigstens in ihrer alten Funktion als Maklerin. »Nun, ganz gelöst sind die Kontakte allerdings nicht. Sie waren so begeistert von meiner Arbeit mit den Reihenhäusern, dass sie mich allen möglichen Kunden empfehlen, und zwar solchen, die ich mir wirklich gewünscht habe. Das Leben, das ich an dem bewussten Tag am Meer für mich vorhergesehen habe, öffnet sich um mich wie eine Blüte. Und es wird jeden Tag schöner, sogar noch schöner, als ich es mir je vorgestellt habe.«

Der Engel der Weisheit half Darya, ihre Vision Wirklichkeit werden zu lassen. Zunächst einmal, indem sie lernte, sich auf die Gegebenheiten einzustellen – ihren »Brotberuf« zu behalten, während sie ihre Räume gestaltete, Visitenkarten und Briefpapier drucken ließ und das Haus zum Beweis ihres Talents umfunktionierte. Die ersten 24 Häuser und viele andere Jobs kamen schließlich von der Firma, die sie als Maklerin so sehr gehasst hatte – und die sie jetzt als Innenarchitektin ganz anders sehen konnte. Die Weisheit dieses Engels vermittelt uns häufig die Fähigkeit, die Fülle an Gelegenheiten, die sich unmittelbar vor unserer Nase befinden, wahrzunehmen. »Mir war gar nicht klar, dass dieses Maklerbüro für eine Innenarchitektin eine wahre Goldgrube ist«, erzählte Darya. »Vorher war ich so sehr mit dem Hass auf meinen Job beschäftigt, dass ich sie nur als Gefängnis sehen konnte. Nun, wo die Gefängnistore sich geöffnet haben, sehen sie für mich eher aus wie Gold …«

Heraus aus dem bequemen Trott! (Vertrauen Sie den Engeln!)

Wie ich bereits gesagt habe, hat eines der größten Geschenke, die der Engel der Weisheit uns beschert, mit Karma zu tun: mit der Möglichkeit, ein größeres spirituelles Gleichgewicht zu erreichen, indem wir etwas tun, um frühere Fehler anzugleichen. Das hört sich zunächst einmal trostlos an, denn hatte ich nicht versichert, dass die Engel uns zu dem aufregenden und lustvollen Leben verhelfen würden, das wir uns immer schon gewünscht haben? Und jetzt hört es sich fast so an, als ob die Engel in Wirklichkeit mit der Rute warten, um Sie für all das »Böse« zu strafen, das Sie angeblich in früheren Leben getan haben, an die Sie sich nicht einmal erinnern können!

Nun, diese Sicht der Dinge ist natürlich nicht richtig. Was gut für Sie ist und wonach Sie sich sehnen … schließen sich ja gegenseitig nicht aus. Der Engel der Weisheit hilft Ihnen, sich in karmischer Hinsicht selbst zu befreien – und gibt Ihnen gleichzeitig die Unterstützung, die Sie brauchen, um persönlich und beruflich zu erreichen, was Ihre Vision Ihnen als Ziel Ihrer Sehnsucht enthüllt hat. Denn »zurückzuzahlen« ist eine bereichernde Erfahrung: Es schenkt uns mehr materiellen Reichtum und Erfolg, als wir uns je erträumt haben, und dazu noch das Gefühl einer tiefen spirituellen Befriedigung.

Wo der Haken bei der Sache ist? Es gibt keinen – wenn man einmal davon absieht, dass Sie lernen müssen, vollkommenes Vertrauen zu entwickeln. Ihre Hingabe muss ganz aus dem Herzen kommen, denn nur allzu häufig gibt es für das geforderte Vertrauen keinen logischen Anlass. Mike zum Beispiel erlernte die Lektionen des Engels der Weisheit nur unter Schreien und Zähneklappern. Mit 28 Jahren hatte Mike das Gefühl, am Scheideweg zu stehen. Er war Schauspieler und Sänger und hatte viel im Bereich der »leichten Muse« gearbeitet – Musicals, Komödien und andere leichte Kost, vor allem für Matineen. »Als Sänger und Schauspieler war ich in diesem Bereich recht erfolgreich. Ich konnte mich wirklich nicht beschweren. Ich war gern Entertainer, liebte den Kontakt mit dem Publikum … meistens zumindest. Doch vor etwa einem Jahr, als ich zum 265. Mal in *The Fantastiks,* einem Musical, spielte, hatte ich auf einmal genug davon. Irgendwie hielt ich bis zum Ende der Vorstellung durch, doch als der Vorhang gefallen war, hatte ich den Eindruck, das ich um meine letzte Note gesungen hatte. Ich hatte es satt, so ein tanzendes, singendes, fröhliches Nichts zu sein. Ich wusste, dass ich zu mehr Tiefe fähig war, und wollte zeigen, dass ich auch im dramatischen Fach etwas draufhabe – und zwar die großen Rollen. Ich ging auf die dreißig zu. War das nicht genau die richtige Zeit, um in den Stücken von Eugene O'Neill zu spielen? Aber sobald Sie einmal auf einen bestimmten Typ festgelegt sind, sobald Sie einmal angefangen haben, die männliche Soubrette zu spielen, wie ich es tat ...«

Mike hatte keinerlei Vertrauen in seinen Wunsch, mitten im größten Erfolg plötzlich in ein anderes Genre zu wechseln. Er dachte, dass sein Agent ihm ins Gesicht lachen würde. »Ich war in meinem Fach einfach ›ausgebucht‹, ich hatte mit ihm fast nichts mehr zu tun. Ich hatte ein paar regelmäßige Jobs, einige verlässliche Kontakte. Aber ich hatte immer mehr das Gefühl, dass sich das Ganze wie ein Strick um meinen Hals legt, der sich dann allmählich zuzieht.«

Mike hatte bereits eine Vision von seinem neuen Leben als Schauspieler: Er wollte mehr in Filmen arbeiten, auch in Fernsehfilmen, vielleicht eine Rolle in einer Seifenoper, weil er wusste, dass das zwar ein anstrengender, aber guter Einstieg ins Metier sein würde. Aber er hatte Angst davor, ausgelacht zu werden. »Wie soll ich es nur meinem Agenten sagen? Meinen Eltern? Meinen Freunden? Sie werden mich für einen Möchtegern-John-Malkovich halten – oder für etwas noch Schlimmeres.« Ich bat ihn, sich an den Engel der Weisheit um Hilfe zu wenden. Ich wusste, dass dieser Engel genau die Form von Hilfe anbot, die Mike jetzt brauchte. »Sie müssen die Gaben nur annehmen, wenn sie auf Sie zukommen«, riet ich ihm. »Sagen Sie einfach nur ja.« Mir war klar, dass Mikes eigene negative Einstellung sich für ihn zum größten Stolperstein entwickeln konnte. »Nehmen Sie alles einfach an, lächelnd und mit offenen Armen. Dann stehen Sie sich selbst nicht im Weg.«

Mike begann also, über den Engel der Weisheit zu meditieren

und ihn um Hilfe zu bitten. Etwa zwei Nächte danach, so berichtete er, hatte er unmittelbar nach dem Einschlafen einen äußerst lebhaften Traum, der ihn sehr irritierte. »Es war seltsam. Ich wusste, dass ich die Figur in meinem Traum selbst war, aber ich sah ganz anders aus. Meine Traumfigur war blond und sah aus wie ein Germane aus dem Bilderbuch. Ich selbst bin eher der mediterrane Typ. Das Traumbild hätte also von meiner realen Erscheinung gar nicht weiter entfernt sein können. Trotzdem wusste ich, dass dieses Traumbild ich war. Und was ›ich‹ tat, gefiel mir absolut nicht. Ich sah zu, wie es in dem kleinen Geschäft vor meinem Haus etwas stahl. Auf einer Party zerrte es mit Gewalt eine Frau ins Badezimmer. ›Ich‹ war ein völlig amoralisches, sinnliches Biest. Wie ein Kind – absolut verantwortungslos, absolut ichbezogen. Und das Merkwürdigste daran war, dass ich eines genau wusste: Diese Figur war ich. Als ich aus dem Traum erwachte, war ich fester entschlossen denn je, als Schauspieler eine andere Richtung einzuschlagen.« Mike lachte. »Wo ich die Verbindung zwischen diesem Entschluss und meinem Traum sah? Nun, ich kann es selbst zwar kaum glauben, aber ›in karmischer Hinsicht‹ schien es mir an der Zeit, ernstere Rollen zu spielen, die mich mehr forderten. Ich hatte das Gefühl, als hätte mir mein Traum ein früheres Leben gezeigt, in dem ich nur für mich und meine Bedürfnisse gelebt hatte. Und wenn ich nun mit der leichten Muse weitermachen würde, würde ich für immer dieses verantwortungslose Kind bleiben.«

Ob Mike nun wirklich eine karmische Vision hatte, ist dabei gar nicht von Belang. Denn was dieser Traum ihm brachte, war eine viel größere Entschiedenheit in der Art, wie er den Engel der Weisheit um Hilfe bei der Neuausrichtung seiner Karriere bat. Nach diesem Traum hatte Mike keine Angst mehr, den Menschen, die er kannte und kennen lernte, mitzuteilen, dass er ins dramatische Fach wechseln wolle. Er schaffte es sogar, endlich seinen Agenten anzurufen, der ihn keineswegs auslachte, sondern ihm eine Schauspielschule empfahl, die er für gut hielt. Und er teilte ihm mit, dass er von einer Hauptrolle in einem Fernsehfilm wisse, in die Mike vom Aussehen her perfekt hineinpassen würde. Er habe ihn nur deshalb nicht angerufen, weil er geglaubt habe, Mike interessiere sich nicht für solche Rollen, denn der Film fiel ja nicht in sein Fach. Und als er für diese Rolle vorsprach, lernte er einen anderen Schauspieler kennen, der ihm erzählte, er bewundere ihn schon lange, seit er ihn vor etwa zehn Jahren zum ersten Mal am Theater gesehen habe. »Ich hoffte immer, Sie einmal zu treffen«, meinte er. »Damals waren Sie mein großes Vorbild. Ich wollte immer schon mal mit Ihnen über das Theater sprechen, vielleicht sogar ein paar Stunden nehmen.«

So ereigneten sich auch in Mikes Leben Dinge, die nicht immer nur einfach für ihn waren: »Die Schauspielschule war für mich die Hölle! Ich konnte ja kaum richtig sprechen. Alles, was ich tat, kam falsch rüber. Und nach den Übungen fühlte ich mich nur noch ungeschickter. Wie um Himmels willen war ich nur auf die Idee gekommen, ernste Rollen spielen zu wollen?«, fragte er sich damals. Mehrere Male glaubte Mike, dass seine Entscheidung falsch gewesen sei. In diesen Augenblicken verlor er das Vertrauen in die Führung, die ihm vom Engel der Weisheit unweigerlich zuteil wurde. Aber er blieb trotzdem dabei. Immer wieder dachte er an seinen Traum und an die karmische Notwendigkeit, sein Leben als Mann und Künstler mit einer größeren inneren Verpflichtung zu leben. Die Rolle im Fernsehfilm, die er bekommen hatte, gab ihm mehr Selbstvertrauen, das er in seinen Unterricht an der Schauspielschule mitnahm. Langsam, aber sicher begann er, über sich selbst zu staunen: Seine Technik wurde immer besser ... und so bekam er auch mehr und mehr Anerkennung von anderen. Nun ist er bereit für eine größere Filmrolle. »Ich habe einen langen Weg hinter mir. Anfangs dachte ich, dass ich bloß ein guter Unterhalter bin. Heute nennt mein Agent mich einen ›zweiten Kevin Spacey‹. Nicht dass ein Zweiter nötig wäre. Aber wer hätte schon vor zwei Jahren meinen Namen in einem Atemzug mit diesem großen Schauspieler genannt?«

Mit der Hilfe der Engel (Mike ist davon überzeugt, dass der Traum ihm vom Engel der Weisheit gesandt wurde) hatte Mike entdeckt, dass er aus karmischen Gründen sein berufliches Leben verändern wollte, um als Schauspieler mehr Disziplin und Erfüllung zu erfahren. Das war sein inneres Ziel. Und dieses Ziel verwirklicht er nun. Und zwar so, dass er auch auf der Theaterbühne Erfolge feiert, die für ihn vorher absolut außer Reichweite zu sein schienen. Wenn karmisches Ungleichgewicht ausgeglichen wird, stellt der Erfolg sich manchmal unerwartet schnell ein. So als würde die Umwelt und man selbst auf diesen Ausgleich geradezu warten. Zumindest *fühlt* sich das für Mike so an, auch wenn die karmische »Realität« eine andere sein mag.

Der Engel der Weisheit spielt dabei folgende Rolle: Er versorgt Sie mit allem, was Sie brauchen, um Ihren Traum umsetzen zu können – und er lehrt Sie während dieser Zeit, wie einfach letztlich alles ist! Es geht einzig und allein darum, Vertrauen zu entwickeln und der inneren Führung zu folgen, die sich manchmal als innere Stimme bemerkbar macht, manchmal einfach nur als innerer Drang.

Und der Engel der Weisheit hilft uns weiterhin in jedem Augenblick unseres Lebens. Manchmal zeigt er uns, auf welche Weise andere Menschen sich unaufrichtig oder verkehrt verhalten. Er »öffnet den Kanal«, so dass wir hinter die Masken der Menschen in unserem Leben sehen können. Viele meiner Klienten erzählen mir, dass sie manchmal plötzliche Einsichten in die inneren Beweggründe von Kollegen oder Geschäftspartnern erhalten, die versuchen, sie zu betrügen oder ihnen Geld aus der Tasche zu ziehen. Sie glauben, dass diese Einsichten vom Engel der Weisheit kommen. Auch hier geht es um Karma, nicht um Rache. Wenn wir uns oder anderen helfen, eine karmisch negative Tat zu vermeiden, stärken wir das Licht in der Welt und es wird einfacher, das erfolgreiche und erfüllte Leben zu führen, das wir alle verdienen. Botschaften dieser Art werden uns zuteil, wenn wir auf den Engel der Weisheit vertrauen, und gleichzeitig wird unsere eigene Intuition stärker und wir sind offener für eine Zusammenarbeit mit ihm.

Ähnlich wichtig ist der Engel der Weisheit in Beziehungen. Auch hier kann er Verborgenes und schmerzhafte Wahrheiten ans Licht bringen. Anna, die seit über zwanzig Jahren verheiratet war, erzählte mir, sie habe in ihrer Ehe immer schon eine gewisse Einsamkeit empfunden, die sie wieder und wieder beiseite geschoben hatte. Mittlerweile aber war das Gefühl der Einsamkeit so intensiv geworden, dass sie es zur Kenntnis nehmen musste. Zunächst nahm sie Alkohol und Drogen, um den Schmerz zu betäuben. Dann wollte sie sich aus diesen Abhängigkeiten lösen und kam zu mir. Der Engel der Weisheit verschaffte ihr fast sofort Erleichterung, denn er machte ihr klar, dass sie eine Zeit lang allein leben musste, um zu lernen, aus ihrer eigenen Kraft heraus zu leben. »Ich weiß, das hört sich blöd an. ›Frau auf der Suche nach Selbstverwirklichung‹ usw.«, sagt Anna. »Aber dieser innere Drang, allein zu leben und zu lernen, dass ich mir selbst vertrauen kann, war so groß, dass ich ihn nicht mehr verdrängen oder ignorieren konnte. Es handelte sich dabei nicht um eine neue Botschaft meines Über-Ich, sondern um eine Nachricht aus dem Reich der Engel.«

Verlassen Sie sich auf den Engel der Weisheit, soweit es Ihnen möglich ist. Dann wird er Ihnen eine wertvolle Lehre geben. Eine klare Zielvorstellung, die auf einer Vision beruht, die wirklich aus dem Herzen kommt; die Bereitschaft, diese Zielvorstellung mit Energie zu füllen, und ein Herz, das offen für alles ist, was immer da kommen mag – wenn Sie diese Voraussetzungen erfüllen, können Sie genau das glückliche Leben führen, das Sie wollen. Ein Leben, das all Ihre Ressourcen freudvoll einsetzt. Ein Leben, das – wie Anna lernen musste – nicht auf der neurotischen Abhängigkeit von der Gegenwart eines anderen Menschen beruht.

Und der Engel der Weisheit lehrt uns, dass im »rechten Handeln« immer auch ein gerüttelt Maß an Sein steckt, dass es nicht nur ein »Tun« ist. Für mich zum Beispiel ist Schwimmen heute eine wesentlich verlässlichere Meditationstechnik als zu der Zeit, als ich noch beim Wettkampfschwimmen versuchte, ins olympische Team zu kommen. Das liegt einfach daran, dass ich heute keinen extrem angefüllten Terminkalender mehr habe. Damals schon klinkte ich mich beim Schwimmen aus dem Alltag aus, doch heute kann ich diese Technik bewusst nutzen. Heute bin ich erfüllt von der Botschaft, die mir der Engel der Weisheit zuteil werden ließ, und schwimme, um einen Seinszustand zu erreichen, von dem ich weiß, wie nützlich er für mich ist. Und dieser Zustand stellt sich nicht nur beim Schwimmen ein. Heute sehe ich unendlich viele Möglichkeiten, im Sein zu ruhen und trotzdem zu handeln. Der Gang zum Zahnarzt ist für mich nun ein Akt der Wandlung. Sobald ich auf dem Stuhl sitze, tauche ich in einen meditativen Zustand ein, der mir Freude und Frieden gibt. Und manchmal auch noch gute Ideen, die mir zeigen, worum es in meinem Leben gerade geht. Heute kann ich es gar nicht mehr erwarten, zum Zahnarzt zu gehen. Die grenzenlose Fülle der Quellen für Einsicht und Erkenntnis – das ist es, was der Engel der Weisheit uns zeigt.

Und mit dieser Fülle, mit Geduld und Liebe wartet er auf Sie – damit Sie auch noch den letzten Aspekt Ihrer »inneren Ziele« zum Leben erwecken können.

5 Der Engel der Reinheit

Wie Zwillinge helfen uns der Engel der Vision und der Engel der Weisheit, indem sie uns sowohl die richtige Perspektive aufzeigen als auch einen Plan zu ihrer praktischen Umsetzung an die Hand geben. Sie zeigen uns, was wir unternehmen müssen, um unsere innersten Sehnsüchte, unsere tiefsten Träume Wahrheit werden zu lassen. Wie wir bereits gesehen haben, kann das Ergebnis überwältigend sein, wenn wir ihrem Ruf folgen, wenn wir genügend Vertrauen entwickeln, um den »Quantensprung« zu wagen, zu dem sie uns ermutigen wollen. Als Beleg dafür kann uns der unvermittelte Erfolg all jener dienen, in deren Lebenslauf wir bisher Einblick genommen haben. Dieser Erfolg stellte sich manchmal so plötzlich ein, dass die Betreffenden davon kurzzeitig wie benommen waren. Ihre Auffassung von der Fülle des Lebens, die unsere Engel für uns bereithalten, wandelte sich von Grund auf. Bill, der Restaurantbesitzer, der plötzlich genügend Mut hatte, um mit Brauereien, Pachtgebern und Lieferanten zu verhandeln; Andrea, die, zwei Wochen nachdem sie ihren Job verloren hatte, sich plötzlich als Drehbuchautorin für ein großes Studio wiederfand, wovon sie ihr Leben lang geträumt hatte; Darya, die sich von einer ständig überarbeiteten Grundstücksmaklerin zu einer außergewöhnlich erfolgreichen Innenarchitektin entwickelte; Mike, der als Schauspieler ins dramatische Fach wechselte und quasi sofort Rollen in Theater- und Fernsehproduktionen mit höheren Gagen bekam und größere Befriedigung empfand als je zuvor – all diese Menschen lernten in gewisser Weise, »sich selbst nicht im Weg zu stehen« und auf die Stimme der Engel in ihrem Innern zu hören. Und so profitierten sie augenblicklich von den Gaben, die der Engel der Vision und der Engel der Weisheit uns so bereitwillig zukommen lassen wollen.

Die Gabe eines klaren Ziels und eines gangbaren Weges zu dessen Verwirklichung; die weise Erkenntnis, dass nur »rechtes Tun« uns wahre Veränderung bringt und wir uns auf die Führung des Engels der Weisheit immer verlassen können, ganz egal, was der nächste Schritt sein mag; das Geschenk der Einsicht in die tieferen karmischen Verflechtungen der Wege, die wir zu gehen wünschen und die zu gehen wir ermutigt werden – all dies sind so machtvolle Segnungen, dass Sie sich vermutlich schon gefragt haben: »Was bleibt uns denn eigentlich noch zu wünschen übrig? Wozu sollten wir noch weitere Engelsmächte brauchen? Diese Gaben sind doch bereits mehr, als wir je zu hoffen wagten!«

Wie Ihnen sicher nicht entgangen ist, habe ich mehrfach darauf hingewiesen, dass der »Hierarchie« der sieben Engel eine enorme Wichtigkeit zukommt. Wenn Sie also Ihr geneigtes Auge die restlichen Stufen der himmlischen Leiter aufwärts wandern lassen – Reinheit, Stärke, Liebe, Frieden, Sieg –, dann fragen Sie sich vielleicht, worin deren Bedeutung für Sie liegen mag. Werden Sie die Hilfe der einzelnen Engel überhaupt brauchen? Und ist es wirklich wichtig, welchen Engel Sie als Nächstes um Beistand bitten, jetzt, wo die Engel der Vision und der Weisheit Ihnen bereits zu so durchschlagendem Erfolg verholfen haben? Vielleicht leuchtet Ihnen ja noch ein, wozu Stärke gut sein könnte. Möglicherweise ist das eine Art himmlischer Tankwart, bei dem Sie zwischendrin mal Energie zapfen können? Und wer wäre nicht gern am Ende der strahlende Sieger? Schließlich geht es doch ums Gewinnen, oder?

Aber der Rest? Warum um Himmels willen kommt der Frieden vor dem Sieg? (Wäre es nicht viel netter, wenn wir uns friedlich zur Ruhe begeben könnten, *nachdem* wir unseren Sieg errungen haben, wie der müde Krieger, der sich ermattet auf sein Lager fallen lässt?) Und schon sind wir mittendrin in der Diskussion, weshalb die »Hierarchie der Engel« gerade so und nicht anders aufgebaut ist. Sollte nicht die Liebe die Grundlage für alles andere sein? Warum wurde sie so »lieblos« zwischen Stärke und Frieden gequetscht? Und was hat die Reinheit zwischen Weisheit und Stärke zu suchen?

Tatsächlich haben einige Menschen mit dem Engel der Reinheit Probleme. »Reinheit« – das klingt ziemlich moralinsauer. Kommen wir nun endlich auf den Pferdefuß zu sprechen, mit dem wir insgeheim schon gerechnet haben? Zum mahnend erhobenen Zeigefinger, der uns bedeutet, die Gebote zu unserem eigenen Besten zu halten, und der den Überfluss und die Fülle, welche die anderen Engel so freigebig schenken, wieder »aufs rechte Maß« zurechtstutzt? Eine Art theologischer Kernseife, mit der wir uns »abschrubben« müssen, bevor wir mehr von der himmlischen Herrlichkeit erfahren dürfen?

Ganz zu Anfang habe ich Ihnen ja bereits erzählt, was mein spiritueller Führer mir über die »Hierarchie« der Engel gesagt hat: Dass sie sehr wichtig ist, ich ihren inneren Zusammenhang aber erst verstehen würde, wenn ich gründlich über jeden einzelnen Engel meditiert hätte. Deshalb gehe ich so ausführlich auf die Aufeinanderfolge der Engel ein. Nun ist es an Ihnen, sich mit dieser Himmelsleiter auseinander zu setzen. Nur durch eigene Meditation können Sie verstehen, warum die Engel diese spezielle Ordnung einnehmen. Ich bin sicher, dass Sie ebenso wie ich erkennen werden, wie ungeheuer wichtig die »Hierarchie« ist – und wie wunderbar. Hier würde ich fast eine Wette wagen: Die wahre Bedeutung der Engel und ihrer wechselseitigen Verflechtungen wird deutlich von den Vorstellungen abweichen, die Sie sich gemacht haben. Durch Ihre eigene Erfahrung werden Sie bald erkennen, dass die Ordnung der Engel einer Abfolge von Entwicklungsschritten entspricht, die weder isoliert noch in veränderter Reihenfolge durchlaufen werden können. So betrachtet erklärt sich die Stellung der ersten beiden Engel mehr oder weniger von selbst: Schließlich müssen Sie zuerst »sehen« können, wo Sie hin wollen, bevor Sie »weise« Schritte unternehmen können, um Ihr Ziel zu erreichen.

Obwohl die Stellung des Engels der Reinheit nicht so selbstverständlich einleuchten mag, folgt er nicht ohne Grund auf die Engel der Vision und der Weisheit. Und keiner dieser Gründe hat etwas mit Willkür, Unterdrückung oder Moral zu tun. Denken Sie an den Engel der Reinheit wie an ein erfrischendes Bad im kühlen Ozean. Als sei er eine Art spiritueller »Zwischengang«, der den Gaumen klären soll; eine wundervolle Gelegenheit, die Klarheit zu vertiefen, mit der uns bereits der Engel der Vision bekannt gemacht hat. Jetzt können wir sie ganz in unser Herz, in unsere Seele aufnehmen. Dieser Engel ruft uns auf, ohne den Schatten eines Zweifels den selbstlosen, freudvollen Pakt zu erfüllen, den wir mit den ersten beiden Engeln geschlossen haben. Dass wir diesen Engel gerade jetzt (nach dem Engel der Weisheit und vor dem Engel der Stärke) um Hilfe bitten, hat einen tieferen Sinn. Ohne seine Klarheit würden wir die Richtung verlieren. Seine Freude, seine Selbstlosigkeit überfluten uns wie eine erfrischende Dusche. Wir werden so leicht zur Beute unseres nur allzu menschlichen Egoismus. Dann beginnen wir uns zu fragen, ob die Hilfe, die wir erhalten haben, nicht einfach purer Zufall und nicht das Geschenk der immer vorhandenen Fülle war. (Denken Sie an Bill, den Restaurantbesitzer, dessen Selbstsucht, Angst und Misstrauen bald wieder so groß waren, dass sie alles zerstörten, was er sich aufgebaut hatte!) Und wir glauben, dass die Segnungen, die wir erhalten haben, auf unsere eigenen Anstrengungen zurückgehen, auf unseren endlosen Kampf und nicht auf die ewige Güte des Lebens.

Der Engel der Reinheit ermöglicht es uns, die Kanäle sauber

zu halten, wenn wir sie brauchen. Ohne seine gewaltige reinigende Energie würden die kraftvollen Ströme, die wir in Gang gebracht haben, bald von unseren eigenen Ängsten und Ich-Verhaftungen getrübt. Wenn das geschieht, verlieren wir die Freude und Klarheit, in der wir sein könnten, wenn wir nur weiterhin selbstlos auf die Hilfe unserer Engel vertrauten. Außerdem soll uns der Engel der Reinheit daran erinnern, wie *einfach* es ist, Hilfe zu erbitten und zu erhalten. Wir müssen einfach auf ihr Eintreffen warten und ihre Hilfe vertrauensvoll annehmen, wenn sie kommt. Wir müssen nur auf die Antworten hören, die wir erhalten, und dann das tun, was sie uns vorschlagen. So, als würde der Engel der Reinheit mit seiner kristallklaren Stimme zu uns sprechen wie ein rauschender Wildbach: »Das ist dein Weg zur Freude. Du musst mir nur folgen.«

Der verborgene Hochmut der Verzweiflung

Von außen betrachtet sieht es nach Stolz aus. Innen jedoch sind es nur verborgene Ängste, das, was man erreicht hat, wieder zu verlieren, die viele Menschen dazu bringen, mit Arroganz und Egoismus zu reagieren, wenn sie einen ungewöhnlichen Erfolg erzielen konnten. Dieser Hochmut erwächst aus der Furcht, die »Quelle« könne ohne weiteres wieder versiegen oder sei sogar schon versiegt. Dann beginnen wir, uns krampfhaft an das zu klammern, was wir erreicht haben. Angst lässt uns immer verkrampfen. Sie lässt uns zu »Kontrolleuren« werden, die sich – oberflächlich betrachtet – den Anschein von Stärke und Selbstsicherheit geben. In Wirklichkeit aber stellen sie sich nur dem Fluss der Energie entgegen. Der Engel der Reinheit rettet jeden Menschen, der in diesen Ego-Strudel geraten ist. Auch hier müssen Sie nur eines tun: Öffnen Sie Ihr Herz und bitten Sie den Engel, sie von neuem mit dem Fluss der Fülle zu verbinden, der auf Sie zustrebt.

Dass wir den Engel der Reinheit brauchen, ist nicht immer offensichtlich. Mitunter, vor allem bei schmerzhaften oder tragischen Erlebnissen, fallen wir vom Glauben ab. Auch das ist eine Form der Anhaftung, ebenso als würde man zwanghaft darauf bestehen, selbst seines Glückes Schmied zu sein, was im Grunde nur die Angst widerspiegelt, alles Erreichte wieder zu verlieren. In Augenblicken der Verzweiflung aber ist es nicht der Hochmut, der unsere Verblendung bewirkt, sondern das Gegenteil: die Hoffnungslosigkeit. Anders als das Denken, das meint, die Fülle des Universums durch einen einfachen, aus dem Ego erwachsenen Willensakt herbeizwingen zu können (der am weitesten verbreitete Irrtum, den der Engel der Reinheit zu beseitigen sucht), ist die Verzweiflung überzeugt, dass es für niemanden mehr Hoffnung gibt, ja dass wir hilflose Beute der Schicksalsschläge sind. Wenn wir in diesem Zustand auch hin und wieder Lippenbekenntnisse ablegen, die von unserem Vertrauen in eine »höhere Macht« künden, die für uns sorgt, so ist die Wahrheit doch, dass wir aufgegeben haben. Der Engel der Reinheit hilft uns in solchen Momenten mit einer Schönheit, Zärtlichkeit und Klarheit, die ihresgleichen sucht.

Als Beispiel möchte ich Ihnen hier die Geschichte der 82-jährigen Virginia erzählen, die aus einem Zustand vollkommener Verzweiflung heraus den Engel der Reinheit um Hilfe bat. Virginia ist eine wunderschöne Frau von 82 Jahren. Sie glaubt schon lange an Engel und lässt sich seit Jahrzehnten von ihrer Hilfe tragen. »Den meisten Menschen erzähle ich das gar nicht«, sagt sie. »Ich habe immer Angst, dass man mich einweisen lässt, wenn ich über meine Zwiesprache mit den Engeln zu viel erzähle.« Die Angst vor der Einweisung in ein Altersheim ist für Virginia besonders bedrohlich, weil ihr Ehemann Herman, der an Alzheimer leidet, vor sechs Monaten im Alter von 87 Jahren in ein Pflegeheim gebracht wurde. »Bis vor sechs Monaten«, so erzählt Virginia, »konnte ich ihn noch zu Hause behalten. Der Pflegedienst kam morgens und abends. Sie zogen ihn an und aus, brachten ihn zu Bett und sorgten dafür, dass er morgens aufstand.« Hier werden ihre blauen Augen nun dunkel vor Schmerz. »Das waren die letzten guten Wochen, die wir miteinander hatten. Man konnte ihn noch in eine Tagespflegestätte bringen, wo er summte, sang, lächelte und mit den Schwestern flirtete – und abends kam er nach Hause. Ich war so glücklich, dass er noch ein Leben für sich hatte, auch wenn mir klar war, dass er keine Ahnung hatte, wer ich bin.« Dann aber versuchte Herman, aus dem Rollstuhl zu kommen, und brach sich die Hüfte. Und das war noch längst nicht alles.

Leider war die Alzheimer-Krankheit schon so weit fortgeschritten, dass er sich nicht einmal mehr erinnern konnte, wie man geht. Hätte er auch nur die einfachsten Anweisungen befolgen können, dann hätte es noch eine Chance gegeben. Doch er konnte Sprache nicht mehr verstehen. Wann immer nun die Schwestern kamen, um ihn anzuziehen, ihn sauber zu machen, sein Bett zu richten, hielt er sich an allem fest, was irgendwie greifbar war und heulte wie ein Besessener. Als ob ein Heer von Dämonen versuche, ihn zu vertreiben. Er hatte Angst, konnte sich an nichts mehr erinnern und war völlig verloren und allein. In den nächsten Wochen wurde Virginia klar, dass Herman das Krankenhaus wohl nie mehr würde verlassen können. Er würde nie mehr laufen können. Und sie fand sich mit den »Tatsachen« ab. Dazu gehörte auch die Erkenntnis, dass sie selbst körperliche Probleme hatte. Sie hatte kaum jemandem davon erzählt, doch von dem Moment an, als Herman sich die Hüfte gebrochen hatte, hatte sie selbst mit Schmerzen zu kämpfen, die – Ironie des Schicksals – denselben Auslöser hatten wie die Probleme ihres Mannes. Zwei Wochen, bevor ihr Mann, der nichts mehr spürte, gestürzt war, hatte der Hausarzt Virginia mitgeteilt, dass sie wohl ein neues Hüftgelenk brauchen würde. Nun war natürlich an einen Krankenhausaufenthalt vorerst nicht mehr zu denken, unter anderem auch deshalb, weil sie jede freie Minute damit zubrachte, die Unmengen von Formularen auszufüllen, die ihr und ihrem Mann eine kostenfreie Behandlung garantieren würden. Wochenlang ignorierte sie tapfer den Schmerz in der Hüfte, doch nach zwei oder drei Monaten brauchte sie fast eine Stunde, um aus dem Bett zu kommen. Jede einfache Bewegung war zur Qual geworden. Sie hatte zwar einen Sohn, der in einer nahe gelegenen Stadt wohnte, doch es entsprach einfach nicht ihrem Temperament, sich von ihm oder einem anderen Menschen abhängig zu machen. Außerdem wusste sie, dass er beruflich gerade eine schwierige Zeit durchmachte, und sie wollte ihm nicht auch noch zur Last fallen. Überhaupt war sie der festen Ansicht, dass sie keine Hilfe bekommen würde. Sie hatte sich nicht einmal die Mühe gemacht, eine Haushaltshilfe zu beantragen, die ihr von der Krankenkasse bezahlt worden wäre. Stattdessen rechnete sie alles noch einmal durch und teilte sich das Geld ein, über das sie verfügen konnte. Sie kalkulierte, was sie die Heimpflege für Herman kosten würde und wie viel sie für Lebenshaltungs- und Operationskosten rechnen musste. Einen ganzen Morgen lang rechnete sie und das erdrückende Ergebnis war, dass sie nur noch Geld für vielleicht sechs oder sieben Monate hatte.

In dieser Zeit hörte Virginia nicht auf zu beten. Ihr Glaube an Gott war ihr immer schon eine Quelle der Kraft gewesen und sie hielt die Hilfe der Engel für möglich, an die sie sich seit ihren Kindertagen regelmäßig wandte. Sie sah diese Engel meist als verstorbene Verwandte oder nahe Freunde, zu denen sie eine starke Verbindung hatte. Doch in letzter Zeit war die Hilfe irgendwie schwächer, weniger augenfällig geworden. Als sie im Krankenhaus Herman wieder fütterte (was sie jeden Tag tat) und sah, wie sein immer währendes Lächeln aus seinem Gesicht verschwand, und dabei die Schmerzen in ihren eigenen Gliedmaßen spürte, war sie davon überzeugt, dass nun sogar die Engel sie verlassen hätten. Schließlich waren sie nur Seelen von Menschen, die seit langer Zeit tot waren. Wahrscheinlich hatten sie sich längst schon jüngeren Menschen zugewandt, die mehr

Recht auf Hilfe hatten, weil ihr Leben ja gerade erst begonnen hatte. Es war ziemlich klar, dass Virginia keine Kraft mehr hatte. Und Herman war ihr auf der Reise in eine dunkle Zukunft sogar noch einen Schritt voraus.

Zu diesem Zeitpunkt hatte Virginia ihre Hüftoperation bereits geplant. Sie hatte den wüstesten Papierkrieg im Hinblick auf die Finanzierung hinter sich, erwartete aber im Grunde, danach nicht mehr allzu lange zu leben. Wie sollte sie denn für sich sorgen, wenn sie nicht einmal mehr laufen konnte? Sie war nicht der Typ, der seine Schmerzen »an die große Glocke hängte«, daher gab sie sich keine Mühe, schnell einen Operationstermin zu bekommen, doch am Ende war es so weit – wenn sie sich auch nicht besonders darauf freute. Als das Krankenhaus anrief und meinte, man müsse die Operation um ein paar Wochen verschieben, stimmte sie ohne weiteres zu.

Doch eines Morgens kam sie nicht mehr aus dem Bett. Der Schmerz war so stark, dass sie den Telefonhörer nicht mehr erreichen konnte – das wäre die einzig mögliche Art gewesen, Unterstützung herbeizurufen. Also wartete sie, bis der Schmerz aufhören würde. Das hatte er bisher immer getan, nach 45 bis 60 Minuten beruhigte sich das Ganze meist wieder. Doch dieses Mal war ihr wirklich zum Weinen zumute. Diese Schmerzen waren schlimmer als alles, was sie je erlebt hatte, sogar schlimmer als die Geburt. Was also sollte sie tun? Sie betete um Kraft. Doch diese blieb ihr versagt. Sie betete um Führung. Keine innere Stimme machte sich bemerkbar. Die Engel, so schien es, hatten sie verlassen. Da begann sie zu weinen. So lange Zeit hatte sie nicht mehr geweint. Sie war auch noch nie so verzweifelt gewesen. Stimmlos murmelte sie Worte vor sich hin, von denen sie gedacht hatte, dass sie ihr niemals über die Lippen kommen würden. Sie bat fast um den Tod.

Doch als ihre Verzweiflung sie wirklich in die tiefsten Tiefen eines finsteren Seelenabgrunds hinabgezogen hatte; in dem Augenblick, als sie das Gefühl hatte, keine Sekunde mehr weitermachen zu können, in diesem Moment bat eine feine Stimme in ihrem Inneren sie, doch bitte aufzuhören, durchzuatmen und sich zu entspannen. »Ich weiß nicht, woher sie kam. Es war anders als die unzähligen Male, bei denen ich Hilfe von einer spirituellen Quelle erhalten hatte. Und trotzdem fühlte es sich an wie ein Engel. Und was dieser Engel mir mitteilte – er verhalf mir mehr dazu, es zu fühlen, sprach nicht mit Worten zu mir –, was ich also fühlte, war ein unendliches Bedürfnis nach Reinigung. Auch heute noch finde ich kein anderes Wort dafür.«

»In diesem Moment wurde mir klar, was mich vergiftete. Es war nicht so sehr der Schmerz in meiner Hüfte oder wie verzweifelt ich war. Es war auch nicht der Gedanke, dass ich vielleicht doch keine Hilfe erhalten könnte. Das wahre Gift war der Zweifel, die Furcht, eine Art negativer Erwartungshaltung, die ich an mir nicht einmal bemerkt hatte. Wenn ich an ›Reinigung‹ denke, dann fallen mir biblische Sünder ein, die ihr selbstsüchtiges Verhalten ändern mussten. Doch um diese Art von Reinheit ging es hier nicht. Ich hatte mein Leben vergiftet, weil ich kein Vertrauen in die Fülle der Unterstützung hatte, die für mich bereitstand. Nun sah ich ein, dass mein ›Ich muss alles selbst geregelt kriegen‹ in Wirklichkeit bloßer Hochmut war. Ich brauchte Hilfe – und sowohl meine Engel als auch das ganze Universum wollten, dass ich sie bekam. Dass ich diesem Angebot die kalte Schulter zeigte, war nicht nur dumm, sondern auch ein Zeichen von Stolz. Dann ließ schließlich irgendetwas in mir los, und obwohl ich immer noch nicht fähig war, den Telefonhörer aufzunehmen, wurde mein Schmerz doch schon ein wenig schwächer. Ich ließ mich aufs Bett zurückfallen und gab mich der reinigenden Kraft des Engels hin, der mir diese Botschaft gebracht hatte. Schließlich und endlich bringen die Engel uns ja ›frohe Kunde‹. Und mir hatten sie mitgeteilt, dass ich nicht mehr so verbissen zu kämpfen brauchte.«

Als Virginia sich zurücksinken und die Energiewelle des Engels der Reinheit über sich hinweggehen ließ, läutete das

Telefon. Nun konnte sie plötzlich ohne Schwierigkeiten zum Hörer greifen, ihr Schmerz hatte nachgelassen und so nahm sie ab. Es war ihr Sohn. Er sagte, dass er sich Sorgen um sie mache und daher vorbeikommen und ihr beim Packen für den Krankenhausaufenthalt helfen wolle. Früher hätte sie sein Angebot einfach zurückgewiesen und so getan, als komme sie schon allein zurecht und brauche seine Hilfe gar nicht, vor allem, weil sie ja wusste, dass er beruflich viel zu tun hatte. Doch die reinigende Energie hatte Virginia irgendwie verändert. Daher nahm sie einfach dankend seine Hilfe an und sagte ihm, wie sehr sie ihn liebte. Anders gesagt: Sie setzte der Hilfe keinerlei Widerstand entgegen. Und als sie bemerkte, wie angenehm dieses Gefühl des Loslassens auch körperlich war, spürte sie auf einmal, wie angespannt sie sonst immer gewesen war. Plötzlich erschien ihr ganzes Leben ihr wie ein einziger, angestrengter Kampf, in dem sie sich vor lauter Angst geweigert hatte, loszulassen.

Von außen betrachtet mochte Virginia einem wie das liebevollste, integerste und »reinste« Geschöpf auf Gottes Erdboden vorkommen – und trotzdem hatte sie sich von der Hilfe der Engel abgekoppelt. Sie selbst stellte fest, wie die Gifte hießen, von denen sie gereinigt werden musste: Zweifel und Furcht. Seitdem sie sich von ihnen verabschiedet hat, geschehen die tollsten Dinge. Freunde, von denen sie jahrelang nichts gehört hat, kommen auf sie zu und bieten ihre Hilfe an. Und erst kürzlich hat sie entdeckt, dass sie weit mehr Hilfe von Krankenkassen und öffentlichen Stellen zu erwarten hatte, als sie je geahnt hatte. Und auch Herman wurde in eine angenehmere Abteilung des Pflegeheims verlegt. All diese Dinge kommen durch einen Kanal zu ihr, den der Engel der Reinheit für sie geöffnet hat und frei hält. Sie musste sich also nur entgiften – sich von ihren Ängsten und begrenzenden fixen Ideen befreien: von der Vorstellung, dass niemals genug für alle da sein würde und dass sie alles allein tun müsse. Keine dieser Vorstellungen entspricht auch nur ansatzweise dem Reichtum, den das Leben für uns bereithält – eine Einsicht, die sie dem Engel der Reinheit verdankt.

Die Klarheit, die uns der Engel der Reinheit schenkt, beinhaltet zwei wesentliche Punkte: die Klarheit der Zielvorstellung und die Klarheit des Vertrauens. Dieser Engel will, dass wir uns, so gut wir können, auf die reinsten Aspekte unserer Motivation konzentrieren – jene Anteile in unseren Wünschen, die am wenigsten vom Ego bestimmt sind, wo unsere Ziele weitestgehend uneigennützig sind. Nicht minder wichtig jedoch ist der Aspekt des Vertrauens. Tatsächlich steht hinter der Stufenfolge der Engel bzw. den Stadien der individuellen Entwicklung, für die sie stehen, nur ein Ziel: uns vertrauen zu lehren, so dass wir immer vorbehaltloser, immer vollkommener vertrauen können. Die Reinheit unserer Absichten und die Reinheit unseres Vertrauens – das sind die Gaben des Engels auf dieser Stufe der Leiter.

Unmissverständlich führt er uns zu einer klareren Wahrnehmung des Göttlichen. Ich spreche hier nicht von »Gott«, weil jeder Mensch von der Natur Gottes eine andere Vorstellung hat. Doch wie immer auch Ihre Einstellung zu Gott und der Gottesfrage ist, der Engel der Reinheit unterstützt Sie darin, in direkten Kontakt mit der göttlichen Gegenwart zu treten – auf die einfache und unmittelbare Weise, wie ein Kind sich an seinen Vater oder seine Mutter wendet. Dieser Engel lehrt Sie, wie man *die Dinge »einfach« werden lässt.* Klarheit, Vertrauen, Offenheit für die Gaben des Universums: Lassen Sie zu, dass Gottes Liebe Sie durch diesen Engel tröstet und leitet.

Andererseits sollten Sie Ihre Ohren auch nicht verschließen, wenn die Engel Sie mahnen. Zur Erläuterung möchte ich Ihnen an dieser Stelle die Geschichte eines anderen Restaurantbesitzers namens Andrew erzählen. Andrew hatte eine sehr genaue, eng begrenzte Vorstellung von seinem Restaurant. Er begann seine Reise mit einer beeindruckenden Vision, unterstützt von einer Reihe äußerst aufgeschlossener Investoren und Partner. Es sah so aus, als würde er bald gewaltige Erfolge verzeichnen. Das Geld seiner Investoren gab er zum größten Teil für teure Innenausstattung aus. Als die Vorbestellungen kamen, reservierte er Plätze doppelt und dreifach, Pannen, durch die er bald das Vertrauen seiner Partner einbüßte. Und statt in dieser kritischen Situation um Hilfe zu bitten, wurde er hochmütig und verschlossen. So kam es, dass die Pläne für sein Spitzenrestaurant, dem schon Monate vorher ein fantastischer Erfolg beschieden zu sein schien, ein abruptes Ende fanden.

In dieser Situation kam Andrew wieder zu mir. Und mir wurde schnell klar, dass es hier an Klarheit in seiner Zielvorstellungen fehlte. Er wusste nicht recht, was er aus dem Restaurant eigentlich machen wollte. Also wandte er sich an den Engel der Reinheit mit der Bitte um Klärung seiner Absichten und Erneuerung seines Vertrauens. Die Klarheit und Einfachheit, mit der der Engel der Reinheit uns segnet, schenkt uns weit mehr Energie, als wir je zu hoffen gewagt hätten.

6 Der Engel der Stärke

Wie Sie sich vielleicht denken können, haben Kraft und Stärke im Reich der Engel eine völlig andere Bedeutung als in unserer Alltagssprache. Was fällt uns normalerweise ein, wenn wir den Ausdruck »Stärke« hören? – Körperkraft, Charakterstärke, die Widerstandsfähigkeit eines Stoffes wie Holz bzw. Metall oder Draht. Doch ob es nun um physische oder emotionale Stärke geht, fast immer ist damit eine Kraft gemeint, die vom Willen gelenkt wird.

Die Stärke aber, die uns dieser Engel schenkt, ist von ganz anderer Qualität. So wie Gnade niemals durch »Bravsein« verdient kann werden kann, können auch die Gaben der Engel niemals durch bewusste Anstrengung erworben werden. Der Dialog der Engel mit uns, die Hilfe, die sie uns gewähren, entsteht spontan und lässt sich nicht erzwingen. Die Kraft, die der Engel der Stärke verleiht, hat dieselbe Qualität: anstrengungslos, frei, für jeden Menschen verfügbar. Diese Kraft ist spiritueller Natur, sie ruht in allen Dingen. Wir müssen sie uns nicht erkämpfen, und sie »höret nimmer auf«, das heißt, sie ist grenzenlos.

Der Engel der Stärke lehrt uns drei wesentliche Grundsätze, die alle aus einem ganz bestimmten Verständnis von Kraft erwachsen:

1. Sie sind ein starker Mensch.
2. Sie verdienen, was Sie sich wünschen.
3. Es ist niemals zu spät.

Bei diesen drei Grundsätzen geht es nur im Ersten explizit um »Stärke«. (Sie sind ein starker Mensch.) Doch das Wissen darum, dass Sie verdienen, was Sie sich wünschen, und dass es niemals zu spät ist, um mit der Verwirklichung Ihrer Wünsche anzufangen, öffnet Ihnen die Tür zu der Energie, die der Engel der Stärke verleiht und die Ihnen auf Ihrem Weg als Initialzündung dient, aber auch für weitere »Schubkraft« sorgt.

Wie wichtig die eigene »Zielvorstellung« ist, wurde uns schon klar, als wir uns mit den Engeln der Vision und der Weisheit beschäftigten. Ohne sie würden wir blind gegen eine Wand rennen. Stellen Sie sich vor, Sie stehen mit einem Blanko-Flugschein auf dem Flughafen. Höchstwahrscheinlich würde das Ganze auf Sie etwas konfus und verwirrend wirken. Vision und Weisheit machen uns erst einmal mit unseren Zielen bekannt. Der Engel der Reinheit hilft uns dann, diese Zielvorstellung klar hervortreten zu lassen, sie von egoistischen (aus Angst, Neid oder Stolz entstandenen) Motiven zu reinigen, damit wir uns selbst nicht im Weg stehen. Er lehrt uns, uns über unsere wahren Ziele nichts vorzumachen und nur die Dinge zu verfolgen, die für uns wirklich nützlich sind. In diesem Moment kommt der Engel der Stärke uns zu Hilfe, denn nun sind wir endlich für ihn bereit. Wenn wir ihn anrufen, wissen wir, was wir wahrhaft wünschen. Er prüft, ob unser »Kompass« stimmt und wir über genügend Energie und Leidenschaft verfügen, die Reise auch durchzustehen.

Wenn wir diesen Fluss freier, ungezwungener Kraft nutzen und aufrechterhalten wollen, sollten wir uns auf jeden der drei wesentlichen Grundsätze konzentrieren, die der Engel der Stärke uns nahe legt. Jeder von ihnen dient als Kanal für die Energie dieses Engels.

Nehmen wir zum Beispiel den ersten Grundsatz: »Sie sind ein starker Mensch.« Dies ist ein wunderbares Mantra aus dem Reich der Engel. Es heißt nicht »Sie werden ein starker Mensch sein« oder »Sie könnten ein starker Mensch sein«. bzw. »Wenn Sie dies oder jenes tun, werden Sie entdecken, wie stark Sie sind«. Nein: Sie sind bereits ein starker Mensch. Wiederholen Sie diesen Satz in der Ich-Form (»Ich bin ein starker Mensch«) und Sie haben sofort Anteil an der Kraft, die dieser Engel schenkt. Sie sind stark – jetzt! Genau so kommt das Geschenk dieses Engels zu uns: ohne jede Anstrengung, so als sei es immer schon so gewesen. (Was natürlich auch der Fall ist!)

Der Engel der Stärke durchflutet uns mit seiner Kraft, wenn wir diese Worte wiederholen. Arianne, eine meiner Klientinnen, erfuhr das in fast erschreckender Unmittelbarkeit: Sie unterrichtete seit etwa zehn Jahren an der Grundschule, wollte aber eigentlich schreiben, am liebsten komische Theaterstücke für Kinder. Und dann würde sie gern eine Art Wandertheater gründen, mit dem sie von Schule zu Schule, von Ort zu Ort zieht. Sie stellte sich eine Gruppe von Schauspielern und Clowns vor, die jede Schulbühne zum Schauplatz eines Festes machen würden. Arianne war sehr streng erzogen worden und selbst in eine Schule gegangen, in der Humor Mangelware war. So hatte sich in ihrem Kopf eine ganze Menge bunter, toller Ideen angesammelt, die alle darauf abzielten, Kindern die Förderung zu geben, die sie selbst niemals bekommen hatte. Doch all die Jahre, in denen sie sich mit ihren Eltern und ihren mehr oder weniger humorlosen Lehrerkollegen auseinander setzen musste, hatten aus ihr ein scheues, ein wenig verschlossenes Wesen gemacht. Sie hatte wunderbare Ideen, hatte schon mit ein paar Schauspielern gesprochen, die durchaus interessiert waren, und sogar schon Kontakte mit örtlichen Schulbehörden geknüpft, die dem Plan auch nicht abgeneigt waren, trotzdem schaffte Arianne es nicht, den entscheidenden ersten Schritt zu tun. Ich hatte sie bereits darin unterstützt, die Engel der Vision und der Weisheit anzurufen. Sie wusste auch, dass sie den Engel der Reinheit brauchte, um auf Dauer am Ball zu bleiben. Zu diesem Zeitpunkt verfügte sie über ein tolles Skript, eine Gruppe engagierter Schauspieler und ein ausgezeichnetes Exposé, in dem sie für die Schulbehörden darlegte, wie und auf welche Weise das Theaterspiel den Lernerfolg der Kinder verbessern würde. Aber sie hatte immer noch Angst vor dem ersten Schritt. Die Vorstellung, mit einem Schulleiter sprechen zu müssen, rief in ihr zu viele Erinnerungen an eine freudlose Schulzeit und strenge Lehrer wach.

Und trotzdem wollte sie das Projekt auf keinen Fall aufgeben: Begierig suchte sie nach Hinweisen, wie sie diese Blockade in sich auflösen konnte. Ich gab ihr das erste Mantra des Engels der Stärke und bat sie, es so auszusprechen, dass Körper, Herz und Geist eins wurden in der Überzeugung ihrer Stärke. Arianne ist ein winziges Persönchen – schlank, klein und normalerweise ein ausgesprochen ruhiger Mensch. Daher rechnete ich nicht mit dem Löwengebrüll, das sie ausstieß, als sie begann, das Mantra zu wiederholen: »Ich bin ein starker Mensch!«

Sie war wirklich ziemlich stark und so griff sie zum Telefonhörer und rief den Leiter der Grundschule an, mit dem sie hatte sprechen wollen – und … Nun, ich habe selten jemanden gehört, der sein Anliegen mit mehr Wärme, Ehrlichkeit, Sicherheit und Geschicklichkeit vortrug als Arianne in diesem Augenblick. Sie strahlte eine Menge Kraft und Energie aus – und zwar nicht die Kraft, die aus der Anstrengung kommt, sondern die Energie der Selbstgewissheit, die frei und voller Freude zu fließen begonnen hatte. Als hätte sie eine Zapfsäule gefunden, an der sie sich mit genau dem »Sprit« versorgen konnte, den sie nötig hatte.

Vielleicht klingt das in Ihren Ohren nach »zu schön, um wahr zu sein«, daher möchte ich an dieser Stelle noch ein paar Worte zum Thema »Offen sein für die Gaben der Engel« sagen: Arianne war bewusst geworden, dass ihr Kontakt zu den Engeln der Vision, der Weisheit und der Reinheit einen Raum geschaffen hatte, innerhalb dessen sie den Engel der Stärke um Hilfe bitten konnte. »Dazu war durchaus Mut nötig«, sagte sie. »Ich habe heute noch Angst, den Telefonhörer aufzunehmen und irgendwelche ›Autoritäten‹ anzurufen. Aber ich hatte einfach ein gutes Fundament gelegt. Ich war mir so sicher, dass mein Programm den Kindern helfen würde. Ich hatte alles getan, was nötig war, um die Sache vor Schulleitern und -behörden glaubwürdig vertreten zu können. All diese Dinge entstanden aus Visionen, aus Weisheit und Klarheit. Als ich endlich über meinen Schatten sprang und zum Telefon griff (nachdem ich den Engel der Stärke um Hilfe gebeten hatte), war es gar nicht so schrecklich, sondern eher aufregend. Ich war bereit. Und ich weiß, dass es sich komisch anhört, wenn man über die Engel und ihre Gaben – Vision, Weisheit, Reinheit, Stärke – so offen spricht, als ginge es dabei um Zöglinge eines katholischen Mädcheninternats. Doch wenn ich mit ihnen spreche, dann ist das ein stiller, sehr privater Dialog. Daran sind nur ich und der betreffende Engel beteiligt. Diese Verbindung ist wirklich sehr persönlich und intim.«

Häufig hat es den Anschein, als könnten wir die Gabe eines Engels nur in dem Ausmaß empfangen, in dem wir uns die Gaben der »vorhergehenden« Engel zu Eigen machen konnten. Manchmal dauert es eine Weile, bis wir das wirklich begreifen. Wir glauben, wir könnten bestimmte Gaben – Reinheit oder Stärke zum Beispiel – einfach überspringen, nur um am Ende festzustellen, dass unserer Mischung etwas Entscheidendes fehlt. Doch wenn wir für ein Engelsgeschenk wirklich reif sind, wie Arianne es für das erste Mantra »Ich bin ein starker Mensch.« war, dann machen Sie sich auf etwas gefasst – am besten auf Wunder!

Auch das zweite Mantra (»Sie verdienen, was Sie sich wünschen«) lädt den Engel der Stärke ein, Sie mit seiner Kraft zu durchfluten – auch hier ohne jede Anstrengung. Je besser Sie Geschenke annehmen können, desto großzügiger fließt die Energie. In diesem Satz stecken zwei wichtige Worte: »verdienen« und »wünschen«. Beide zusammen bewirken machtvolle Veränderungen. Ausgestattet mit der Gewissheit, dass Sie verdienen, was Sie erhalten, und der Leidenschaft des Wünschens, gibt es nichts, was Ihnen nicht gelingen könnte. Und wie beim ersten Mantra, so geht es auch hier um eine Kraft, die Ihnen bereits eigen ist: Bevor Sie noch darum bitten können, ist alles bereits da.

Die meisten Menschen allerdings haben mit diesem Mantra Schwierigkeiten. Die Vorstellung, dass uns das, was wir uns wünschen, auch zusteht, ist nicht gerade das, was man uns von Kindesbeinen an beibringt. Wenn unsere Engel manchmal aus Frustration über unser mangelndes Verständnis quasi die Hände über dem Kopf zusammenschlagen, dann liegt das an unserer falschen Sicht der Dinge. »Verdienen« und »begehren« sind keine schmutzigen Wörter. Der Strom des Guten, den wir empfangen können, ist ohne Ende. Wir müssen den Geschenken der Engel keinen Riegel vorschieben.

Virginia, die 82-jährige Dame, die wir bereits kennen gelernt haben, als es um den Engel der Reinheit ging, fiel es vielleicht schwerer als den meisten Menschen, diese Lektion zu lernen. Wie wir gesehen haben, durchlief sie dabei den folgenden Lernprozess: Sie erkannte, dass ihre Glaubenssätze (die Überzeugung, dass es keine Hilfe gab, weder im Hinblick auf ihre Operation noch auf ihren Ehemann oder die finanzielle Seite der gesundheitlichen Versorgung; der Widerstand gegen die Tatsache, dass diese Hilfe ihr zustand, und die aus Angst geborene Gewissheit, dass niemand ihr helfen könne) aus Hochmut entstanden waren, aus einer gewissen Arroganz. Leider wachsen viele von uns in der Vorstellung auf, es sei irgendwie »gut«, nicht das zu bekommen, was man wolle, weil es zur Stärkung des Charakters beitrage, wenn wir uns das versagen, was wir lieben. Doch unser Charakter wird nicht von falschen Ideen stärker, ganz im Gegenteil: Wir verhindern dadurch unser Glück und die Offenheit unserer Seele. Auch bei diesem Mantra verleiht seine Einfachheit uns die gewünschte Stärke, noch bevor wir den Engel darum bitten: »Ich verdiene, was ich mir wünsche.« Der Wortlaut hilft bereits, den

Kanal frei zu öffnen, so dass das, was wir haben möchten, in kürzester Zeit in unser Leben treten kann. Dann können wir es genießen – mit der Sicherheit dessen, der weiß, dass er nur bekommt, was ihm zusteht. Die Stärke kommt nicht zu uns. Sie breitet sich aus, weil sie bereits da ist.

Das dritte Mantra des Engels der Stärke (»Es ist niemals zu spät«) ist ebenso machtvoll wie die beiden anderen, auch wenn es auf den ersten Blick nicht so aussieht. Frei fließende Energie, Stärke, ein Ziel sind nichts, was uns nur zur Verfügung steht, wenn wir jung sind, wenn wir morgens erwachen oder sicher sind, dass wir jetzt genügend Zeit haben, um Fortschritte zu machen: Diese Art der Energie ist ewig. Unsere Engel möchten, dass wir begreifen, wie normal Wunder sind. Erwarten Sie alles. Oder besser: Lassen Sie alle Erwartungen los! »Es ist niemals zu spät« soll Sie nicht nur daran erinnern, dass Sie Ihr Leben jederzeit ändern können, wenn Sie es möchten. Vielmehr möchte Ihnen dieses Mantra begreiflich machen, dass Sie selbst ewig sind. Sie können noch mit 95 brillante Kunst schaffen oder innerhalb von 15 Minuten ein Gedicht schreiben, das preiswürdig ist. Um einem verzweifelten Menschen ein wenig Liebe zu schenken, genügen bereits ein paar Sekunden. Wir sind in jeder Sekunde des Tages schöpferisch und kommunikativ, sei es um halb zwölf nachts, nach einem harten Tag, oder um halb sieben morgens, wenn wir die ganze Nacht lang geruht haben. Wir geben vor, Gefangene der Zeit zu sein, doch das stimmt nicht. Wir besitzen die Kraft, die Gabe dieses Engels, alle Grenzen hinter uns zu lassen. Alles ist möglich. Das will uns der Engel der Stärke wissen lassen.

Lebenskraft

Stellen Sie sich diesen Engel – und alle anderen – vor wie freudige, sehr engagierte Botschafter, die es gar nicht erwarten können, Ihnen die für Sie gedachten guten Nachrichten zu verkünden. Wenn Sie zulassen, dass die »Hierarchie« der Engel Sie mit ihren Gaben beschenkt, werden Sie feststellen, dass das, was Sie aus dieser Unterstützung ziehen können, meist tief greifender sind, als Sie zunächst angenommen hatten. Der Engel der Stärke ist hier ein gutes Beispiel. Vielleicht machen wir uns von dem Begriff »Kraft« ein falsches Bild, sogar wenn wir diesen Engel darum bitten: »Schenk mir die Kraft, diesen Arbeitstag zu überstehen« oder »Bitte gib mir genügend Energie, dieses Projekt pünktlich abzuschließen«. All das sind vernünftige Bitten, für die dieser Engel sozusagen »zuständig« ist. Und trotzdem bewegen wir uns nur an der Oberfläche, denn was der Engel der Stärke uns schenkt, ist schlicht und einfach Lebenskraft. Und er möchte uns verständlich machen, dass diese Kraft unendlich ist, damit wir sie intensiver nutzen, als wir es gewöhnlich tun. Wenn er nun zu uns sagt: »Sie sind ein starker, kraftvoller Mensch«, ist uns nicht im Entferntesten bewusst, *wie* stark wir wirklich sind. Die Kraftquelle, die uns hier offen steht, ist die Energie des Lebens selbst, die unaufhaltsame Kraft, die uns am Leben hält, uns mit anderen Verbindung aufnehmen lässt und uns den Kontakt mit Gott ermöglicht. Es gibt nichts, was diese Kraft nicht zustande bringen würde.

Die Stärke dieses Engels ist nichts, was wir uns holen können, weil wir sie bereits besitzen. Sie ist *jetzt* und sie ist *hier* am Werk. Sie fließt durch uns und das ganze Universum. Sie müssen nur darauf vertrauen, dass sie schon da ist und Sie sich ihrer einfach nur zu bedienen brauchen. Die Stärke des Vertrauens gehört mit zu den Gaben dieses Engels. Mein Schutzengel beispielsweise sagte mir, dass ich nie in der Lage sein würde, für mich selbst zu »sehen« oder »lesen«, wie immer Sie das bezeichnen wollen: Ich würde niemals in meine Zukunft sehen können, so wie ich es für meine Klienten tun kann. Anfangs dachte ich: »Was soll denn das für eine Gabe sein, wenn ich sie nicht zu meinem persönlichen Nutzen einsetzen kann?« Mittlerweile ist mir klar, dass es das größte Geschenk ist, das mir je gemacht wurde und das ich dem Engel der

Stärke zu verdanken meine. Auch ich muss in die Entwicklung des Lebens vertrauen und die Wachstumsschritte annehmen, die mir zugedacht sind. Der Engel der Stärke gibt mir die nötige Energie dazu, aber auch die Gewissheit, dass ich dieses Vertrauen jederzeit erneuern kann, wenn ich mich verletzlich fühle.

Welch enormen spirituellen Kräfte uns dieser Engel zugedacht hat, wurde mir klar, als ich vor kurzem von einer Freundin hörte, die mit ihren drei Kindern im Auto einen Monat lang an der Küste Sardiniens entlangreiste. Sie schrieb, dass sie an einem besonders regnerischen Abend unterwegs waren. Die Straßen waren rutschig, weil sie keinen Belag hatten. Das Ganze entwickelte sich zu einer halsbrecherischen Fahrt, in deren Verlauf der Wagen meiner Freundin von der Straße abkam, sich mehrfach überschlug, dabei von einer Felswand abprallte, um am Ende in eine Schlucht zu stürzen, wo er liegen blieb. Eigentlich hätte meine Freundin mit ihren drei Töchtern tot sein müssen. Doch als sie spürte, dass der Wagen ihrer Kontrolle entglitt, hatte sie die Geistesgegenwart, den Engel der Stärke anzurufen und ihn zu bitten, sich um die Konsequenzen dieses Unfalls zu kümmern. Sie sagt heute, dass sie darum *bat*, aber nichts forderte. Es war eine Art Gebet. Gleichzeitig wusste sie, dass sie sich an die mächtigste Kraft im Universum wandte: die Kraft des Lebens. Sie spürte, dass der Engel der Stärke ihr die »Macht« über diese Kraft erteilt hatte, weil ihre Motivation vollkommen rein war: Sie wollte ihre Kinder retten. So war sie gar nicht überrascht, als sie und die Kinder unverletzt aus dem Wagen krochen, der unten in der Schlucht zum Stehen gekommen war. Sie hatte die Verbindung zwischen Kraft und Liebe hergestellt – und in dem Augenblick der Gnade, als sie wusste, dass ihr Leben gerettet worden war, wurde ihr klar, dass sie und ihre Kinder eins waren – es gibt keine größere Macht als die Liebe.

Und so kommt der Engel der Liebe in der himmlischen Stufenleiter eben jetzt und an genau dieser Stelle.

7 Der Engel der Liebe

Das Besondere an dieser »himmlischen Stufenleiter« ist, dass sie uns auf liebevolle, ja fürsorgliche Weise einlädt zu wachsen. Die neue Engelsgabe kommt genau dann, wenn Sie dafür bereit sind – was normalerweise auch der Augenblick ist, in dem Sie sie am dringendsten brauchen. Das, was Sie wünschen, ist gleichzeitig das, was Sie brauchen – sofern Ihr Wunsch Ihren höchsten Visionen und Sehnsüchten entspricht. Ein Freund von mir sagt, dass er sich diese Wahrheit jeden Tag ins Gedächtnis rufen möchte. Daher hat er an die Innenseite seiner Wohnungstür ein Plakat angebracht, auf das er in großen Lettern geschrieben hat: »Was du willst, will auch dich.« So fällt sein Blick jedes Mal, wenn er das Haus verlässt, auf diese Worte. Und nur die wenigsten Menschen machen sich klar, welch tiefe Wahrheit in ihnen steckt.

Natürlich haben auch Sie diese Wahrheit längst erfahren. Vielleicht sogar von einem Engel, von dem Sie nur nicht gewusst oder den Sie zumindest nicht bewusst um Hilfe gebeten haben. Der Engel der Liebe ist uns stets nah. Er versucht seit jeher, uns zu helfen, zu führen und zu unterstützen, damit wir lernen, das, was ist, anzunehmen. Dieses Annehmen ist die stärkste Kraft im Universum. Jetzt aber, da Sie endlich bereit sind, die Gaben dieses

Engels zu empfangen, jubilieren alle anderen Engel mit Ihnen in dem Wissen, welche Veränderungen möglich werden, wenn wir uns der Liebe bewusst werden, die stets auf uns wartet, einer Liebe, die von uns auf andere überfließt.

Doch halten Sie bitte erst einen Moment inne, um Bestandsaufnahme zu machen. Rufen Sie sich all die Fortschritte ins Gedächtnis, die Sie mit Hilfe der Engel erzielt haben, denen Sie bewusst Ihr Herz und Ihren Geist geöffnet haben. Denken Sie an all die Gaben, die Sie aus ihren Händen empfangen haben! Eine Vision, die Sie mit der Welt verbindet und die Ihre Seele nährt; Sie können Ihr wahres Sein mehr und mehr annehmen, dazu noch Zielgerichtetheit, Reinheit und Stärke – drei Kräfte, die Ihnen erlauben, alles, was Ihr Herz begehrt, Wirklichkeit werden zu lassen.

So wunderbar diese Instrumente aus den Händen der Engel auch sind, so effizient und machtvoll, dass Sie damit jeden Traum wahr werden lassen können – doch ohne die Liebe ist jede dieser Gaben bedeutungslos. Stärke ohne Liebe kann gar Monster gebären, eine Vision ohne Liebe ist kalt und selbstbezogen. Keines der Engelsgeschenke nützt uns auf Dauer, wenn die Energie der Liebe fehlt. Wenn Sie für die Gaben der Engel offen sind, sind Sie vielleicht schon zu dieser Erkenntnis gelangt. Denn wenn wir Ziele verfolgen, die zunächst einmal »selbstsüchtig« erscheinen mögen (wie zum Beispiel mehr Geld, einen besseren Job, ein schöneres Zuhause, ein tolles Auto oder schicke Garderobe), so führt unser Tun uns am Ende doch dazu, das Geschehen anders zu betrachten – spätestens dann, wenn wir feststellen, dass wir nicht nur verdienen, was wir uns wünschen, sondern dass es auch karmisch gesehen richtig ist, diese Wünsche zu verwirklichen. Wenn wir haben, was wir wollen, sind wir für andere Menschen offener. Die Fülle erhebt uns, erleuchtet uns, macht uns empfänglicher für die Bedürfnisse der Welt. Ohne je darauf abgezielt zu haben, wird es Ihnen plötzlich zur Gewohnheit werden, anderen zu helfen, so wie Ihnen selbst geholfen wurde. Nicht aus einem essigsauren Gefühl moralischer Verpflichtung heraus, sondern weil Sie gar nicht anders können. Ihre Freude ist ansteckend – Sie werden den Wunsch empfinden, sie an andere weiterzugeben.

Die Liebe der Engel hat Ihre Suche die ganze Zeit über begleitet. Nun aber werden Sie den Engel der Liebe persönlich kennen lernen. Sie werden einen Blick auf Ihre eigene Liebesfähigkeit werfen und alles erbitten lernen, was Sie brauchen, um die Liebe in Ihrem Leben frei fließen zu lassen. Doch seien Sie auf eines gefasst: Die Wunder, die Ihnen bereits geschehen sind, werden verblassen vor dem, was der Engel der Liebe an Schönheit zu schaffen vermag.

Wie man einen Seelenpartner findet

Carrie ist 34, eine sehr hübsche, dunkelhaarige Frau, welche die Gaben der Engel sehr schnell zu empfangen lernte. Bereits in unserer ersten Sitzung stellte sie die Verbindung her, die – wie ich ihr sagte – immer und ewig für sie da sein würde, die Verbindung zwischen ihren tiefsten Wünschen und den Quellen, die ihr erlauben würden, sie zu verwirklichen. Mit der Hilfe der Engel konnte sie innerhalb von sechs Monaten ihre Stelle in einer Werbeagentur aufgeben und tun, was sie sich schon immer tief ersehnt hatte: Sie schreibt heute für Reisemagazine und jettet so von einem exotischen Ort zum anderen und verdient dabei auch noch mehr Geld denn je. »Schon als kleines Mädchen, als ich noch in unserem Kaff in Ohio wohnte, wollte ich unbedingt die weite Welt kennen lernen. Und nun sehe ich davon mehr, als ich je für möglich gehalten hätte.«

Doch gerade weil sie so viel unterwegs war, war es schwierig für sie, einem Mann wirklich näher zu kommen. Sie war attraktiv, gebildet und erfolgreich, daher fiel es ihr leicht, Männer kennen zu lernen. Auf ihren Reisen hatte sie eine ganze Reihe romantischer Affären mit Künstlern, Schriftstellern ... Aber so interessant diese Männer auch waren, sie waren schwach und unzuverlässig. »Ich zermarterte mir das Gehirn mit der Frage, welches mein Verhaltensmuster war, und trotzdem landete ich immer wieder bei völlig verantwortungslosen Männern«, erzählte Carrie. »Ich weiß, dass das nicht viel Sinn hat. Wenn ich mir dauernd Vorwürfe wegen meiner emotionalen Probleme mache, halte ich sie letztlich nur am Leben.« Doch weil die anderen Engel (vom Engel der Vision bis zum Engel der Stärke) ihr so schnell und bereitwillig geholfen hatten, war Carrie sicher, dass die Lösung ihres Problems vom Engel der Liebe kommen würde.

Also erbat sie seine Hilfe auf jede erdenkliche Weise. Bewusst, der Hilfe sicher, zwei, drei, vier Wochen lang. Doch nichts geschah. Sie erhielt keine Antwort wie zuvor von den anderen Engeln. Sie fühlte sich, als hätten all ihre himmlischen Helfer sie verlassen. »Ich kann es einfach nicht glauben«, sagte sie zu mir. »Was mache ich nur falsch?«

In diesem Augenblick fielen mir meine Tage in Paris ein, nicht etwa die Engelsvision, die mich getröstet und gestärkt hatte, sondern die Tage davor. Ich spazierte allein durch Paris, ging in den Louvre, trank etwas Eisgekühltes in einem Café am Boulevard Saint Germain, setzte mich im Bois de Boulogne ins Gras und sah in jedem Augenblick tausend Dinge, die mir sagten, dass ich »zu Hause« war, ja dass ich ein wundervolles, von Gott gesegnetes Wesen war. Anders gesagt: Was mir in dieser Minute einfiel, waren die Tage, in denen ich begann, mich wirklich selbst zu lieben und zu akzeptieren, dass meine außersinnlichen Erfahrungen eine Gabe waren und kein Fluch. Mir wurde klar, dass ich meine Vision in Notre Dame nur dieser Einsicht verdankte. Sie war der wahre Schlüssel zu meiner Erscheinung. Ich hatte nicht nur etwas über meine Engel erfahren, sondern in erster Linie über mich selbst. Ich hatte mich lieben gelernt.

Für Carrie lag die Herausforderung ähnlich. Und das war nicht unbedingt offensichtlich, denn Carrie gehörte nicht zu den quasi »erloschenen« Frauen, die sich selbst hassen. Ihr außergewöhnlicher Erfolg als Autorin ging nicht zuletzt darauf zurück, dass sie sich bis zu einem bestimmten Grad selbst durchaus schätzte. Sie hatte viele Freunde und ein wirklich erfülltes Leben. Doch als ich in ihre Augen sah, erkannte ich darin denselben Schmerz, der mich als Jugendlicher gemartert hatte, als ich für Probleme nur eine einzige Lösung fand: abschalten. Natürlich machte das Abschalten (zum Beispiel beim Schwimmen) mich auch mit meditativen Oasen bekannt, in die ich heute noch gern eintauche. Das war und ist für mich wirklich wichtig. Doch als ich Carrie zuhörte, sah ich, dass es in gewisser Weise auch eine Flucht gewesen war, zumindest bis zu dem Augenblick in Notre Dame, als ich endlich zu schätzen lernte, wer ich wirklich bin. Die Schwierigkeit war einfach, dass ich mir selbst keine wirkliche Wertschätzung, keine echte Liebe entgegenbrachte.

Wie konnte ich Carrie das nur vermitteln, ohne die Sache noch schlimmer zu machen? Mögen wir uns selbst nicht, so hilft es uns gewöhnlich nicht viel, wenn wir darauf hingewiesen werden. Meist mögen wir uns dann noch weniger, eben weil wir nicht fähig sind, uns selbst zu lieben. Der direkte Weg führt in solchen Fällen also kaum zum Erfolg. Und dann fiel mir plötzlich etwas ein, was Carrie mir vor einigen Wochen nur unter größtem Widerstreben erzählt hatte.

»Haben Sie vielleicht von Jeff gehört?«, fragte ich sie. Ihre Miene verhärtete sich. Sie hatte mir erzählt, wie schlecht ihre Beziehung zu ihrem Bruder Jeff war: »Er ist der unsensibelste Idiot, den ich je zu Gesicht bekommen habe«, antwortete sie. »Als unser Vater starb und er sich weigerte, zur Beerdigung zu kommen, wäre unsere Mutter vor Kummer fast gestorben. Er ist der selbstsüchtigste, selbstverliebteste Trottel, den es gibt. Und das zerreißt mir das Herz, denn als wir klein waren – er ist zwei Jahre älter als ich – war Jeff mein bester Freund. Es ist, als habe dieser wundervolle Seelenpartner sich plötzlich in einen Dämon verwandelt. Ich weiß nicht, woher seine Bitterkeit und seine Wut kommen, aber ich kann ihn einfach nicht mehr ertragen. Jeffs erste Reaktion ist immer, andere zu verletzen. Und ich will mich von ihm nicht mehr verletzen lassen.« Carrie erzählte mir, dass sie seit fünf Jahren nicht mehr mit ihm gesprochen hatte.

Als ich sie jetzt nach ihm fragte, zuckte sie zusammen. Einen Augenblick lang sagte sie gar nichts. Dann meinte sie mit ruhiger Stimme: »Seltsam, dass Sie danach fragen. Ich habe von ihm geträumt. Im Traum klettern wir zusammen in das Baumhaus, das wir gebaut haben, als wir noch Kinder waren. Wir verstecken uns dort vor den anderen. Wie allen Kindern machte es uns unglaublich viel Spaß, die Welt heimlich beobachten zu können. Diese Träume sind wunderbar. Zum ersten Mal seit Jahren kann ich in Liebe an ihn denken. Doch wenn ich aufwache, bin ich nur noch trauriger, weil ich sehe, wie weit entfernt von dieser wundervollen und liebevollen Beziehung wir heute sind.«

Ich schlug Carrie vor, Jeff anzurufen. »Schreiben Sie keinen Brief. Damit halten Sie ihn nur von sich weg. Rufen Sie ihn einfach an, um zu sehen, was aus ihm geworden ist.« Diese Vorstellung erschreckte Carrie, reizte sie aber auch. Und sie war neugierig, weil sie merkte, dass ich es für die entscheidende Blockade in ihrem Liebesleben hielt. »Wie soll mir das wohl helfen?«, fragte sie. Ich hatte dazu so meine eigenen Ideen, beschloss aber, diese für mich zu behalten. »Ich weiß nicht«, antwortete ich ihr. »Ich glaube aber, dass es eine gute Idee ist.« Carrie war mittlerweile stark und entschlossen genug (sie erfreute sich nun schon seit einiger Zeit der Hilfe der Engel!), um zu wissen, dass sie mit allem umgehen konnte, was sie von ihrem Bruder zu hören bekommen würde. Doch kurz bevor sie mich verließ, um zu Hause mit ihm zu telefonieren, flackerte ihre Angst noch einmal kurz auf: »Aber was soll ich ihm bloß sagen?« Ich sah ihr so tief als möglich in die Augen. »Was immer Ihnen gerade einfällt«, sagte ich, ein Lachen unterdrückend. Als ich sprach, hörte ich, wie die Stimme eines Engels in meinem Kopf zustimmend lachte. Ganz offensichtlich war der Engel der Liebe mit meiner Lösung einverstanden.

Carrie rief Jeff an und meldete sich dann sofort bei mir, um mir zu sagen, dass das Gespräch unglaublich gewesen sei. »Anfangs war er genauso grob wie immer. ›Was willst du überhaupt?‹, fragte er mich. Doch bevor ich noch einen klaren Gedanken fassen konnte, hatte ich schon gesagt: ›Ich möchte mich mit dir wieder vertragen, Jeff. Ich vermisse dich.‹«

Carrie erzählte, sie habe geglaubt, die Leitung sei unterbrochen worden, so lange habe die Stille nach diesen Worten gedauert. Dann hörte sie einen tiefen Seufzer am anderen Ende, als sei bei Jeff ein Damm gebrochen. »Alles, was er brauchte, war, dass ihm jemand ein bisschen entgegenkam. Er sagte, er fühle sich schrecklich, weil er sich so von mir und unserer Familie abgewandt hatte. Er gestand mir, dass er Drogen genommen hatte, als unser Vater gestorben war, und deshalb so große Schuldgefühle gehabt hatte, dass er es nicht fertig brachte, zur Beerdigung zu gehen. Außerdem wollte er nicht, dass irgendjemand mitbekam, wie fertig und ausgebrannt er war.« Carrie schwieg einen Moment.

»Ich möchte damit nicht sagen, dass alles nur Friede, Freude, Eierkuchen war. Er ist ziemlich verbittert darüber, wie unsere Eltern ihn behandelten. Er hat seine ganze Wut an mir ausgelassen: Er wirft mir vor, dass ich immer auf ihrer Seite gestanden hätte. Aber irgendwas in mir sagte mir, ich solle ihm einfach zuhören und ihn sagen lassen, was immer er zu sagen hat. Und dann, na ja, dann habe ich angefangen zu sprechen. Ich weiß gar nicht recht, woher die Worte kamen. Völlig aus dem Blauen heraus erzählte ich ihm von meinem Traum. Vom Baumhaus, von dem Spaß, den wir hatten, wenn wir uns dorthin flüchteten. Er erinnerte sich auch und musste lachen. Ich glaube, wir haben uns eine Stunde lang zusammen an Szenen aus unserer Kindheit erinnert. Ihm fielen Dinge ein, die mir entfallen waren, und umgekehrt. Für kurze Zeit wurden wir wieder zu der Achtjährigen und dem Zehnjährigen, die wir damals waren. Es war, als würden wir urplötzlich und völlig ohne Grund den Zauber unserer Kindheit wiederentdecken. Vielleicht war der Damm, der brach, ja nicht nur in ihm. Auch in mir war so vieles, was ans Licht wollte. Mir war gar nicht klar, wie sehr ich ihn vermisst hatte, bis ich ihn anrief.«

Wieder legte Carrie eine Pause ein. »Aber«, meinte sie, »Sie müssen mir noch sagen, wieso Sie glauben, dass sich damit mein Liebesleben bessern wird?« Und sie lachte. Es tat so gut, sie bei einem Thema lachen zu hören, das bisher nur Angst und Verzweiflung in ihr erzeugt hatte.

Wieder dachte ich an Paris. Auch damals erwies sich das, was der Engelsvision vorausging, letztlich als wichtiger als die Vision selbst. Was ist es, das uns plötzlich offen und durchlässig macht? Was genau macht uns für die Veränderung bereit? Ich stelle mir immer vor, dass unsere Engel ständig um uns sind. Sie warten auf ein Zeichen, dass wir endlich weich werden, offen und empfänglich – dann kommen sie herab (wie damals in Notre Dame), um uns zu helfen, die restliche Distanz zu überwinden.

Carries Veränderung äußerte sich vor allem darin, dass sie plötzlich viel humorvoller wurde. Und wie sah diese Veränderung nun aus? Dass sie zum ersten Mal seit fünf Jahren mit Jeff sprach und so ihre Wut, ihre Angst und ihr Misstrauen losließ und dadurch die tiefe Liebe zu ihrem Bruder wiederfand, übte auf ihr Leben einen Dominoeffekt aus. Fortan begegnete sie allen Menschen in ihrer Umgebung – Freunde, Kollegen, der Putzfrau – mit mehr Humor und menschlicher Anteilnahme. So als würde sie endlich merken, dass wir alle Menschen sind! »Ich komme mir richtig komisch vor«, erzählte Carrie mir ein paar Tage später. »Ich sehe mich um und merke plötzlich, wie verloren, ängstlich, einsam, verschlossen und wütend die Menschen sind. Und dann denke ich mir: ›Meine Güte. Wie viele Menschen sich doch fühlen, wie ich mich früher gefühlt habe!‹« Nur dass Carrie sich nun nicht mehr so verloren, einsam, wütend und verschlossen fühlt. Sie hat die Liebe zu ihrem Bruder wiedergefunden, was ihr Zugang zur reichen Quelle der Liebe im Allgemeinen verschafft hat. Mit einem Mal war Carrie lustiger, netter, aufmerksamer und an den Menschen interessierter als je zuvor. Die Liebe in ihr wollte sich ausdrücken. Das ist vielleicht die einfachste Art, ihre Veränderung zu umschreiben.

Schließlich ließ sie dies den Herausgeber einer Zeitschrift kennen lernen, für die sie tätig war. Er war so beeindruckt von ihrem Stil und ihrer Erfahrung, dass er sie bat, regelmäßig eine Kolumne zu schreiben. »Das Erste, was mir an ihm auffiel, war seine ungeheure Selbstsicherheit«, erzählte Carrie. »In diesem Moment wurde mir klar, dass die Männer, die ich bis dahin kennen gelernt hatte, immer eine Maske getragen hatten, als ob die Welt ihnen Angst einjagen würde. Sie versteckten sich hinter ihrer Maske, weil sie sich angegriffen fühlten. Ich weiß nicht, vielleicht fühlte ich mich selbst damals ja auch so. Aber Mark – so heißt er nämlich –, Mark steht da, als wüsste er einfach, dass er es verdient, so dazustehen. Er weicht den Dingen und Menschen nicht aus. Er sieht aus, als wüsste er, wer er ist und was er will. Das alles verwirrt mich ein bisschen – ich bin so viel ›Zuverlässigkeit‹ gar nicht gewohnt. Wir haben uns des Öfteren verabredet und verstanden uns blendend. Ich warte immer darauf, dass endlich etwas passiert, was mir an ihm nicht gefällt. Aber … oh, ich habe ganz vergessen, Ihnen etwas zu erzählen«, unterbrach sie sich. »In den letzten Tagen lässt sich auch der Engel der Liebe vernehmen. Wie es aussieht, haben meine Engel mich gar nicht verlassen. Und wissen Sie, was mir der Engel sagt? – ›Lass los. Lass es geschehen. Mach dir keine Gedanken.‹ Und ich versuche, seinen Rat zu befolgen. Und wenn mir das nicht gelingt, greife ich zum Telefon und rufe Jeff an, damit wir uns gemeinsam an die lustigen Geschichten erinnern, die wir als Kinder erlebt haben.«

Wenn ich an Carries Offenheit denke, an die Entwicklung meiner eigenen Empfänglichkeit und die Erfahrungen vieler anderer Männer und Frauen, die ich kenne und die sich genau in dem Moment öffneten, als sie es am nötigsten brauchten, wundere ich mich immer wieder, wie essentiell der Prozess des Heilens doch ist. Carrie verlor sich nicht in stundenlangen Selbstanalysen zum Thema: »Warum verliebe ich mich immer wieder in völlig verantwortunglose Männer?« Sie zerbrach sich den Kopf nicht mehr länger über die möglicherweise neurotischen Wurzeln ihres Verhaltens in der Kindheit. Als sie den Hinweis erhielt, dass ihre Liebe an einer bestimmten Stelle stark blockiert sei, hatte sie den Mut, sich dem zu stellen. Sie rief ihren Bruder an, um die Blockade aufzulösen. Die verdrängte Liebe für ihren Bruder wiederzuerwecken hatte einen »Dominoeffekt« auf ihr Leben, so dass Liebe es plötzlich von neuem und vollkommen durchdrang.

Viele Klienten kommen zu mir und erzählen mir von ihrem Liebeskummer; sie sind überzeugt davon, dass sie wohl den richtigen Partner nie finden werden. So übertragen sie die Verantwortung für ihre Einsamkeit auf eben diese imaginäre Person, die sich aus unerfindlichen Gründen weigert, endlich in ihr Leben zu treten. Aber auf diese Weise finden wir keine Liebe. Liebe lässt sich nur finden, wenn wir lieben! Carrie hatte Antennen für Mark entwickelt, weil ihr ganzes Leben empfänglich für die Liebe geworden war. Ihr neues, weicheres, anziehenderes Selbst hatte eine eigene Ausstrahlung entwickelt. Daher brauchte sie Mark auch nicht zu suchen. Sie musste überhaupt nicht »suchen«. Sie musste einfach nur *sein*. In dem Moment, wo sie offen für die Welt war, konnte Mark sie finden.

Liebe ist keine Speise, die in winzigen Portiönchen verteilt und nur den Menschen zuteil wird, die sich ihrer würdig erwiesen haben. Wir müssen sie spüren und ausdrücken, wie es der Engel der Liebe tut: ohne zu fragen und in ihrer ganzen Fülle. Wir müssen uns klar machen, dass wir alles und jedem in unserem Leben Liebe entgegenbringen können und dass dies unser Leben auf jeden Fall verbessern wird. Das mag sich ein wenig simpel anhören, doch tatsächlich gibt es auf fast alle Probleme im Leben eine gute und einfache Antwort: *Liebe mehr!*

Suchet und ihr werdet nicht finden (zumindest nicht, wenn ihr verzweifelt seid)

Suchen ist nicht gleich Suchen. Wie wir bereits von unserem Kontakt mit dem ersten Engel, dem Engel der Vision, wissen, hat es nicht viel Sinn, wenn wir verzweifelt etwas hinterherlaufen, einer fixen Idee, von der wir glauben, unser Glück hinge davon ab. Zu suchen aus einem Gefühl des Mangels heraus bringt uns meist nur kurzfristig Erleichterung bzw. führt zu Lösungen, die nicht von Dauer sind.

Suchen wir jedoch in einer kindlichen Haltung – offen; vertrauensvoll; neugierig; liebevoll; ohne feste Vorstellungen, wie das Ergebnis aussehen soll – dann wird das Suchen zur Meditation, zu einer Methode, bei der wir intuitiv die Fühler ausstrecken, um genau das zu empfangen, was uns auf unserem Lebensweg voranbringt. So in uns selbst hineinzuhorchen, lässt ein Bild von unserem Ziel vor unserem geistigen Auge entstehen, das so klar, so »reinen Herzens«, so lebendig ist, dass es allein schon darum Wirklichkeit wird.

Visionen brauchen Geduld, Meditation und Vertrauen, damit sie sich in Zielvorstellungen verwandeln können, die ebenso schöpferisch wirken. Doch wenn wir nach menschlichem Kontakt hungern, ohne Vertrauen zu uns selbst zu haben, wenn wir Angst haben, zurückgewiesen zu werden, sobald wir diesen Kontakt suchen, dann wird unsere »Zielvorstellung« begrenzt sein und nicht all ihre Möglichkeiten ausschöpfen. In diesem Zustand versuchen wir selbst zu entscheiden, wie unsere Vorstellungen in Erfüllung gehen sollten. Manchmal lehnen wir gar ab, was unsere Wünsche uns erschaffen, nur weil sie nicht in eben dem Gewand daherkommen, das wir ihnen übergezogen haben. Und die Angst, nicht genau das zu bekommen, was wir uns vorstellen, blockiert uns. Wir erschweren unser Wünschen und Streben, wenn wir von vornherein festlegen, dass es nur zu ganz bestimmten Ergebnissen führen darf. Das ist etwa so, als wären wir am Verdursten, würden Wasser aber nur annehmen, wenn man es uns in einer hübsch bemalten Tasse mit Motiven aus der Serie *Familie Feuerstein* reicht, die an einer ganz bestimmten Stelle einen Sprung hat. Wehe dem guten Samariter (oder Engel), der es wagt, uns Perrier in einem Kristallglas zu reichen. Oder frisches Quellwasser aus einem silbernen Kelch. Das wollen wir nicht. Wir bestehen auf Fred und Wilma und unserem Sprung.

Unsere Engel sagen uns immer und immer wieder, dass es zahllose Möglichkeiten gibt, wie ein Traum sich erfüllen kann. Tatsächlich werden unsere Träume meist erst dann wahr, wenn wir unsere angstbesetzten Erwartungen endlich loslassen können. Ein Freund von mir hat eine Theorie über menschliche Beziehungen entwickelt, die er die »Kätzische Theorie menschlichen Zusammenseins« nennt. Mit Menschen, so meint er, sei es wie mit Katzen. Wenn du nach ihnen grapschst, sausen sie davon wie ein geölter Blitz, weil sie glauben, du willst sie in einen Käfig sperren, mag er auch aus reinem Gold sein. Lässt du die Menschen hingegen zu dir kommen, freiwillig, und wenn es ihnen passt, dann weißt du, dass sie jetzt bei dir sein wollen. Sie kommen, weil sie dich gern haben oder gar lieben. Sie sind bei dir, weil sie es sein wollen. Du hast sie nicht in die Falle gelockt, sondern einfach deine Arme geöffnet. Ich finde, das ist eine schöne Beschreibung von Liebe.

Auch hier ist wieder das »Handeln durch Sein« wichtig, mit dem wir uns bereits in Kapitel 2 auseinander gesetzt haben. Erst kommt das *Sein*, dann das *Tun*. Betrachten Sie die Welt, nehmen Sie sie in sich auf, machen Sie Ihren Frieden mit der Wirklichkeit, mit Ihrem Geist und Ihrem Herzen und erwarten Sie das Beste: *Erst dann* sollten Sie tun, was Geist und Herz Ihnen sagen. *Werden Sie ruhig, stellen Sie die Verbindung her, bitten Sie um Hilfe, handeln Sie und lassen Sie dann alle Erwartungen in Bezug auf das Ergebnis los*

Peter, ein Rockgitarrist Ende zwanzig, der sehr daran interessiert war, seine »Leck mich am Arsch«-Haltung zu behalten, und sehr stolz auf seine Fähigkeit war, Mädchen »rumzukriegen«

(»Je fieser ich bin, desto mehr Mädels stehen auf mich«), konnte mit all dem nicht viel anfangen, als er zu mir kam. Er spielte in einer Rockband, die als Vorgruppe bei berühmten Bands auftrat. Im Gegensatz zu den meisten seiner Rockfreunde, die immer noch in Tankstellen arbeiteten und in Garagen spielten, konnte er von seiner Musik recht gut leben. Er kam zu mir nicht etwa, weil er »spirituelles Wachstum« wünschte, sondern weil er von einigen Leuten gehört hatte, dass ich ihnen geholfen hatte, »ihre Träume zu verwirklichen«. In Peters Kopf sah das so aus: Er wollte berühmt werden und »viel Geld machen«. Mürrisch und angespannt saß er vor mir. Alles, was er sagte, hörte sich wie eine Drohung an: »Versuchen Sie bloß nicht diese New-Age-Scheiße mit mir. Ich will nur eines sein: Rockstar!«

Ich sagte ihm, dass ich mich sehr freuen würde, ihm zu Geld und Berühmtheit zu verhelfen, und erzählte ihm von den Engeln, um deren Hilfe er bitten solle. Und zwar zuerst den Engel der Vision, dann den der Weisheit, der Reinheit, der Stärke, der Liebe ... An dieser Stelle fiel mir Peter ins Wort. »Liebe?«, sagte er und schnaubte dabei wie ein Pferd. »Wer hat etwas von Liebe gesagt? Sagen Sie mir einfach nur, wie ich meine Band groß rausbringe.«

Als ich Carrie vorgeschlagen hatte, ihren Bruder anzurufen und sie mich gefragt hatte, was sie ihm denn um Himmels willen sagen solle, hatte ich geantwortet: »Was immer Ihnen gerade einfällt« und dabei das zustimmende Lachen des Engels der Liebe vernommen. Etwas Ähnliches geschah jetzt mit mir. Als ich diesen mürrischen jungen Mann vor mir sah, musste ich lächeln und in meinem Kopf erklang eine Stimme: »Los, hol ihn dir.« Die Stimme sagte mir, dass Peter reif sei für die Botschaft der Engel. Er glaubte vielleicht, nur wegen seiner Rockband hier zu sein, doch der Engel der Liebe sagte mir, dass es ihm in Wirklichkeit um mehr ging. Vor mir stand ein sehr in sich gekehrter junger Mann. Natürlich war es der Engel, von dem er überhaupt nichts hören wollte, dessen Hilfe er am nötigsten hatte.

Während der nächsten Sitzungen brachte ich Peter bei, wie er sich auf die Vision konzentrieren solle, die er für seine Band wahr machen wollte. Es war ziemlich schwierig. Wir können keinen Kontakt mit den Engeln herstellen, wenn wir nicht loslassen und in spiritueller Hinsicht demütig und offen werden wollen. Peter verstand nicht gleich, dass er keine Hilfe zu erwarten hatte, wenn er nicht darum bitten und auf die Antwort warten konnte. In unserer dritten Sitzung »fiel schließlich der Groschen«. Anfangs verstand ich nicht gleich, wie es dazu gekommen war. Ich hatte eine geleitete Meditation mit ihm gemacht und war schon auf sein übliches Stirnrunzeln gefasst gewesen, als ich sah, dass seine Stirn sich entspannte und ein Licht in seine Augen trat. »Ah«, sagte er, »jetzt kann ich etwas erkennen.« Sofort fragte ich ihn, was er denn sehe. Er antwortete: »Janet!«

»Aus irgendeinem Grund fiel mir plötzlich Janet ein, ein Mädel, das ich in der Highschool getroffen habe. Sie hat mich so richtig angeturnt. Sie war nicht wie die Mädchen, die ich sonst kannte. Zum einen interessierte sie sich nicht besonders für Rockstars. Trotzdem kam sie zu all meinen Auftritten. Offensichtlich mochte sie unsere Musik. Ich verstand bloß nicht, wieso sie nichts von mir wollte – wie die anderen. Ich war damals 17 und hatte eine Menge Mädchen, die auf mich standen. ›Möchtest du mit mir ausgehen?‹, fragte ich sie nach einem Auftritt in einem Klub, zu dem sie mit ein paar Freundinnen gekommen war. Sie sah mich überrascht an. ›Aber ich kenne Sie doch gar nicht!‹, sagte sie. ›Nun, du hast meine Musik schon so oft gehört, dass du mich kennen solltest.‹ Sie lachte. Es klang ein wenig spöttisch. Sie war nicht so leicht zu haben. ›Deshalb kenne ich dich noch lange nicht‹, meinte sie und ließ mich stehen. Ich dachte: ›Zur Hölle mit ihr, ich kenne genügend Mädels, die sich um mich reißen.‹ Also versuchte ich, sie zu ignorieren. Aber sie kam weiterhin zu allen unseren Auftritten, und wenn sie im Publikum war, konnte ich die Augen nicht von ihr lassen. Ich spielte nur für sie. Es gefiel ihr, aber trotzdem konnte ich sie nicht einfach rumkriegen, wie ich es gewohnt war. Ich versuchte es mit den unterschiedlichsten Taktiken. Ich war nett zu ihr, sprach mit ihr über die Musik, die ihr gefiel. Einmal schickte ich ihr sogar eine Einladung, als wir in einem besonders tollen Klub spielten. Aber nichts funktionierte. Sie fiel einfach nicht auf mich rein. Sie sagte, sie sei nur wegen der Musik hier. Und ich konnte nicht aufhören, an sie zu denken. Ich fing sogar an zu beten. [An dieser Stelle runzelte Peter besorgt die Augenbrauen!] Ich flehte den großen, alten Herrn da oben an: ›Zeig mir, wie ich die rumkriege.‹ Das half auch nichts. Und dann fand ich eines Tages heraus, dass sie umgezogen war. Es sah ganz danach aus, als würde ich sie nie bekommen. Und das tat mir richtig weh. Ich fühlte mich, ich weiß nicht ... so als hätte ich überhaupt keine Macht. Das hat mich eine Zeit lang richtig fertig gemacht.«

Und was hatte das mit seiner plötzlich erwachten Demut zu tun? Peter schwieg einen Augenblick. »Und nun ist dieses Gefühl in mir wieder hochgekommen. Ich fühlte mich richtig demütig. So als würde ich im Stillen zu ihr sagen: ›Sag mir, was ich tun soll, und ich tue es.‹ Ich glaub, ich kapier jetzt, was Sie mit Loslassen meinen. Ich muss nur an Janet denken. Damals fühlte ich mich wie ein weites, offenes Feld, das sie einlud: Sie hätte anpflanzen können, was sie wollte.«

Mit einem Mal hatte ich eine Idee, die ich ebenfalls dem immer wachsamen Engel der Liebe zuschreibe: »Stellen Sie sich beim nächsten Auftritt mit Ihrer Band vor, Janet säße im Publikum. Versuchen Sie, sie mit Ihrer Musik zu erreichen.« Peters Augen begannen zu leuchten. »Seltsam, aber genau das tu ich manchmal. Dann sag ich mir, dass ich ein Schwachkopf bin, und hör wieder auf. Warum häng ich bloß noch immer dieser Highschool-Bekanntschaft nach? Aber okay, was soll's. Ich werd es auf jeden Fall versuchen. Und dieses Mal werd ich damit nicht aufhören.«

Und damit begann für Peter eine Zeit der Wandlung. Seine Musik, so sagte er, habe mehr Intensität gewonnen. Als er begann, sich Janet vorzustellen, entwickelte er den tiefen, echten Wunsch, sie mit seiner Musik zu erreichen. Er ließ das Publikum an seiner Leidenschaft teilhaben. Die Vision für seine Band, um die er so sehr gekämpft hatte, begann langsam Form anzunehmen. Er wollte eine neue Form der Musik machen, immer noch seinen Punk-Rock, aber mit mehr Gefühl. Ein Samenkorn war auf fruchtbare Erde gefallen, hatte gewurzelt, war gewachsen und trieb nun neue, wundervolle Blüten. »Ich schreib sogar Liebeslieder«, gestand Peter ein wenig verschämt. »Wenn ich Janet zu erreichen versuche, rufe ich in Wirklichkeit nach etwas in mir, etwas Tieferem. Vielleicht sogar etwas Spirituellem.« Und schon kam das Gemecker: »Gott, das hört sich an, als hätten Sie eine Gehirnwäsche mit mir gemacht.« Er lachte: »Hören Sie sich nur diesen New-Age-Quatsch an, den ich da von mir gebe.«

Die Erinnerung an Janet kam ohne meine bewusste Hilfe zu Peter zurück. Sie fiel Peter wieder ein, weil er sie dringend brauchte. Und der Engel der Liebe antwortete auf diese sozusagen »heimliche« Bitte um Hilfe. Peter war in seiner Karriere als Rockmusiker an einem toten Punkt angelangt, der seinen inneren Zustand als Mensch und Mann widerspiegelte. Peter etwas über seine mangelnde Fähigkeit zu lieben zu erzählen, hätte kaum genützt. Alles, was ich tun konnte, war, ihm einen Ort anzubieten, wo diese Erkenntnis sich an die Oberfläche seines Bewusstseins kämpfen konnte, und zwar zu einem Zeitpunkt und auf eine Weise, die für ihn richtig waren. (Denken Sie an die »Kätzische Theorie«!)

Wie bei Carrie war auch hier nur ein winziges Samenkorn nötig, um einen ganzen Wald zu erschaffen. Janet war für Peter ein *Symbol*, auf das er sich konzentrieren konnte. Und so kam es, dass er sich, seine Freunde, Frauengeschichten und natürlich seine Band plötzlich mit anderen Augen sah. Nun bekommt er immer bessere Auftrittsmöglichkeiten. Man hat ihm sogar angeboten, eine Platte zu machen. Und das *Rolling Stone Magazine*, das berühmteste Musikmagazin Amerikas, hat ihn und seine Band in einem Artikel über Newcomer als jemanden bezeichnet, der noch von sich reden machen wird.

Er lächelt mehr. Er zuckt nicht mehr zusammen, wenn man von »Liebe« spricht. Und er scheint Frieden mit sich selbst geschlossen zu haben. Womit wir schon beim nächsten Engel wären.

8 Der Engel des Friedens

Betrachten Sie Ihre Ziele im Leben immer so, als seien sie bereits Wirklichkeit. Treffen Sie keine falschen Unterscheidungen in Vorstellung und Wirklichkeit, Wunsch und Wahrheit.

Diese beiden Sätze umschreiben in Kurzform das, worauf alle Engel uns hinweisen wollen. Nun sind wir an einem Punkt angelangt, an dem das Wissen um die Tatsache, dass wir durch unsere Gedanken und Glaubenssätze unser Leben selbst steuern, sich in der ein oder anderen Weise in jedem von uns verwurzelt hat. Aber wir haben auch erfahren, dass wir die Hilfe der Engel brauchen, um auf dem Weg zu bleiben. Wir brauchen sie, um die Motive hinter unseren Wünschen achtsam wahrzunehmen, damit wir uns selbst nicht mit alten Verhaltensmustern und unbewussten Reaktionen lahm legen. Wir brauchen sie, um das, was wir wünschen, mit unserer wahren Vision in Einklang zu bringen, damit es höheren Zielen dient als denen unseres Ego.

»Höhere Ziele« – das hört sich ein bisschen puritanisch an. So als würde klammheimlich plötzlich doch ein wenig Moralin in den Cocktail gemixt. Doch der materielle Wohlstand und der unglaubliche Erfolg, den die Engel uns zu erreichen helfen, sind und waren immer schon ein Wunder. Wir verdienen, was wir uns wünschen – und das Reservoir, aus dem wir schöpfen können, ist grenzenlos. Die Engel wollen, dass wir uns so viel nehmen, wie wir brauchen. Die »höheren Ziele«, von denen ich spreche, stehen nicht im Gegensatz zu materiellem Reichtum, Erfolg und

Vergnügen. Und Sie müssen danach nicht in Gebetbüchern oder religiösen Traktaten forschen. Es geht hier einfach um »Ihre höheren Ziele« – um eine weiter gefasste Perspektive, ein Verantwortungsbewusstsein, dessen Grenzen Sie selbst bestimmen.

Warum bezeichne ich diese Zielvorstellungen dann aber als »höhere«? Wenn Sie wachsen (was Sie mit Sicherheit tun, wenn Sie die Gaben der Engel annehmen) werden Sie auch »erhöht« werden, das bedeutet, dass sie eine klarere und weiter gefasste Wahrnehmung Ihrer selbst und der Welt haben. Dieser »erhöhte« Blickwinkel lässt Sie die Beweggründe anderer Menschen besser verstehen. Sie reagieren darauf mit mehr Gelassenheit und fühlen sich weniger angegriffen. Das Gefühl von Glück und Erfolg, das die Engel für Sie bereithalten, verstärkt Ihr Mitgefühl. Einfacher gesagt: Wenn Sie selbst glücklich und zufrieden sind, sehen Sie sich um und möchten, dass auch alle anderen glücklich und zufrieden sind. Ihr Blick kommt sozusagen von einem Aussichtspunkt, der höher liegt. Sie fühlen sich leichter, lichter, schaffen Dinge ohne jede Anstrengung und sehen alles mit mehr Humor.

Leiten Klarheit und Mitgefühl, die wir durch unsere Erfahrungen mit den Engeln entwickelt haben, unser Handeln, so ist »Lichthaftigkeit« das richtige Wort, um unser immer stärker anwachsendes Bedürfnis zu beschreiben, anderen zu helfen, ihre Leiden zu lindern. Wir fühlen uns sofort wieder mit der Welt verbunden, wenn wir den Lektionen der Engel erlauben, tief in uns Wurzeln zu schlagen, und ihre Gaben freudig annehmen. Wir wissen, dass wir nicht allein sind, und entdecken, welche Freude es macht, auch in anderen Menschen das »Licht leuchten zu lassen«. Indem wir den Engel der Liebe in unsere Herzen und unser Leben einladen, wird uns der wahre karmische Sinn unseres Daseins auf der Erde klar und wir beginnen, unser alltägliches Leben vor diesem Hintergrund zu sehen. Am Leben teilzunehmen macht uns Freude. Und wenn wir das tun, was der große Mythenforscher Joseph Campbell einmal «dem Segen folgen«

nannte, wird unsere Beziehung zu anderen Menschen kraftvoller und befriedigender.

In diesem Zusammenhang sollten wir »Frieden« – und erst recht den Frieden, den dieser Engel uns schenkt – keineswegs als weiches Ruhekissen verantwortungsloser, satter Zufriedenheit sehen, das uns vor den Unannehmlichkeiten der Welt beschützt, sondern als etwas Aktives und Lebendiges. Frieden ist ein kontinuierlicher Energiestrom, der Sie belebt und Sie Ihre Mitte finden lässt, ganz egal, in welcher Situation Sie stecken und welche Anforderungen an Sie gestellt werden. In gewisser Weise entsteht Frieden sofort, wenn wir uns selbst erkennen, annehmen und lieben. Frieden ist nicht möglich, wenn Sie sich selbst nicht kennen und akzeptiert haben. *Frieden kommt aus dem Inneren.* Wenn der Frieden aus der tiefsten Quelle Ihres Selbst kommt, aus wahrer Selbstliebe und Selbstakzeptanz, dann erst kann seine gewaltige Macht die Welt verändern. Wie seine nächste Verwandte, die Liebe, verbindet auch der Friede uns mit den stärksten Kräften im Universum. Wenn Sie unter seinem Einfluss stehen, gibt es nichts, was Sie nicht fertig bringen könnten.

Erinnern Sie sich an die »Seelenparty«, die ich in Sun Valley bei diesem Zusammentreffen positiv gestimmter Menschen mit den Kräften der Engel erlebte? Die gewaltigen Wandlungsenergien, die sich dabei entfalteten, die Farben, Erscheinungen und Botschaften – ein endloses Spiel voller Freude und Lebendigkeit … denn wahrer Frieden ist zutiefst *lebendig.* Denken Sie daran, wie meine Engel zu mir kamen, in einem purpurfarbenen Wirbel, der um meinen Kopf kreiste, blinkend, funkelnd, voll von aktiver, atmender Energie. Keine Begegnung, die ich je mit Engeln hatte, war schrecklich. Jede Einzelne barg in sich vielmehr die Erfahrung großer Lebendigkeit. Im Herzen jeder Engelsaktivität steckt tiefer Friede – ein beruhigender, zentrierender, aktiver, selig machender Friede. Diese Energie ließ mich langsamer atmen, meine Augen weiter öffnen, so dass ich mehr (nicht weniger!) von der Welt aufnehmen konnte.

Geschäftig und aktiv wie eine Gruppe von Siedlern bei der Urbarmachung des Landes, zart und vergänglich wie die Farben des Sonnenaufgangs, so arbeiten Engel ununterbrochen mit jeder Faser an ihrem Ziel: uns zu helfen. Sie versuchen, unser Wachstum zu unterstützen, daher verändern sie sich ständig und bleiben immer im Fluss. Doch das Gefühl, das all ihre Erscheinungsformen begleitet, ist tiefer Friede. Kein Wunder: *Sie tun das, wofür sie geschaffen wurden.* Der Frieden, den sie ausstrahlen, kommt aus diesem tiefen Gefühl, dass das, was Sie tun, absolut richtig ist. Ihr Handeln steht mit ihren Zielen in vollkommenem Einklang. Sie arbeiten für ihre »höheren Ziele«.

Genauso wird es uns ergehen, wenn wir (mit Hilfe der Engel) entdecken, wofür wir »geschaffen« wurden, und dieses Gefühl, dass alles richtig ist, erleben, weil wir uns mit unseren höheren Zielen eins fühlen. Dann erfahren auch wir diesen tiefen inneren Frieden. Einen Frieden, »jenseits allen Verstehens« – wie es in christlichen Schriften so häufig heißt. Wir fühlen uns dann, als trügen wir ein Stück von Gott in uns.

Frieden ist also kein gemütliches Nickerchen im Heuschober. Der Engel des Friedens, der uns zum Näherkommen einlädt, lehrt uns, dass Frieden eine *aktive* und *praktische* Sache ist: ein fruchtbarer »Zustand«, in dem wir uns selbst annehmen, wodurch wir wiederum viel effektiver, glücklicher und zielgerichteter auf die Welt zugehen können. Frieden, so lehrt uns dieser Engel, hat nichts zu tun mit »Kopf in den Sand stecken«, sondern ist immer ein Anzeichen dafür, dass wir unser Potential voll ausleben – ganz im Einklang mit dem Universum.

Frieden finden (und erhalten)

»Die Menschen, von denen ich mich angezogen fühle, waren immer schon die ›Ausbrecher‹«, erzählte Doreen mir. »Es waren die freiheitsliebenden Leute in der Familie, die sich allen Erwartungen entzogen und taten, was sie wollten.« Doreen war die älteste Tochter in einer Familie mit zwei hart arbeitenden Eltern und drei Kindern. Mit 43 Jahren war sie in ihrer Familie die Einzige, die das College abgeschlossen und einen Beruf erlernt hatte. In einem kleinen College nur für Frauen unterrichtete sie 15 Jahre lang Kunst – nachdem sie in ihrem Fachgebiet ihren Doktor gemacht hatte. »Meine Eltern starben vor ein paar Jahren«, berichtete sie. »Und meine Geschwister … nun, meine Schwester hat ein Drogenproblem, mein Bruder braucht finanzielle Unterstützung, um sein Studium beenden zu können. So wurde ich zum ›Elternteil‹, an den sie sich wenden konnten. Aber meistens denke ich an meine Jugend zurück, als wir alle noch zusammen waren und ich versuchte, ich selbst zu werden. Leicht war das nicht«, sagt sie mit einem bedauernden Lachen. »Meine Familie war lieb und nett, aber sie hatten wirklich keine Ahnung, was mir wichtig war. Manche Menschen würden sie vielleicht als ›provinziell‹ oder ›einfache Arbeiter‹ abstempeln, doch Etiketten wie diese schienen mir immer fürchterlich arrogant und elitär. Ich war auf einem renommierten Mädchencollege, weil ich ein Stipendium bekam, und als ich den ersten Schock überwunden hatte, weil meine Mitschülerinnen alle so gebildet, weit gereist und toll gekleidet waren, wurde mir bald klar, dass ich auf das Leben sehr viel besser vorbereitet war als die Mädchen mit ihren Privatschulen, die ihre Sommer in der Schweiz und sonst wo in Europa verbracht hatten. Ich war in einer der härtesten Gegenden von Queens in New York City aufgewachsen. Das Leben war dort wirklich ganz schön hart, wir hatten nie viel Geld, aber all meine Freunde hatten auch keines – und so schien das ganz normal. Meine beste Freundin war ein Mädchen aus Korea. Sie ist heute immer noch meine beste Freundin, obwohl diese Zeit nun schon so lange zurück liegt. Das Gefühl, in einem ›Schmelztiegel‹ zu sein, beschreibt nicht einmal annähernd, wie aufregend dieser Mix aus verschiedenen Nationalitäten in dieser Gegend war. Das soll nicht bedeuten, dass immer alles super lief. Ganz im Gegenteil. Es gab dort richtige Banden, aber auch bigottes Heuchlertum. Jeder Tag brachte neue Schwierigkeiten mit sich, und trotzdem war es ein reicheres und aufregenderes Leben als das meiner College-Bekanntschaften. Und dafür war ich immer dankbar, für diese tief gehenden Erfahrungen, die meine Kindheit mir schenkte.«

Im tiefsten Inneren fühlte Doreen sich also anders als alle anderen, die sie kannte. »Ich hatte ganz andere Interessen als die meisten Menschen, die ich kannte. Kunst hat mich immer schon interessiert, schon als ich noch ziemlich klein war, vor allem die holländische und flämische Malerei des 17. Jahrhunderts. Ich kann mich noch erinnern, wie wir in der Grundschule einmal ins *Metropolitan Museum* gingen. Alle wollten die Mumien sehen oder in die Cafeteria gehen, aber ich blieb hingerissen vor einem Vermeer stehen, dessen Schönheit ich einfach umwerfend fand: das Licht, die Ruhe, die Reinheit, die sich darin widerspiegelten. Das Bild zeigte eine Frau, die Wasser aus einem Krug in eine Schale goss. Das war für mich wahrer Frieden. Ich war erst neun Jahre alt, aber damals trat ich zum ersten Mal in diesen anderen Bewusstseinszustand ein. Ich war in eine Art Trance.« Doreen hielt einen Moment lang inne und lächelte traurig. »Ein kleines Mädchen mit einer Passion für Rembrandt und Vermeer, das war selbst für meine Lehrer zu viel. Manchmal riss ich aus und fuhr mit der U-Bahn in die Innenstadt, um mir im *Frick Museum* Rembrandts Selbstporträts anzusehen. Ich hätte den ganzen Tag dort stehen und sie anschauen können. [Sie lacht leise.] Hin und wieder hab ich das auch gemacht.«

»Also hielten sie mich anfangs für eine Verrückte, zumindest bis ich gelernt hatte, diesen unglaublichen Appetit auf Kunst zu verstecken, um einigermaßen ›normal‹ zu erscheinen. Später begeisterten sich meine Mitschüler für andere Ziele. Sie wollten Geschäftsleute werden und ›viel Kohle machen‹. Und andere hatten nur das eine Ziel: nichts wie weg von der Highschool. Margaret, meine koreanische Freundin, war die Einzige, von der ich wusste, dass sie ähnliche Ziele hatte wie ich. Sie ist eine tolle Geigerin. Schon in der sechsten Klasse kam sie in die Vorbereitungsklasse zur Juilliard-Musikakademie. Jeden Samstagmorgen nahm sie die U-Bahn und fuhr zum Geigenunterricht. Ich weiß nicht, aber ich hatte immer den Eindruck, dass sie auch das Gefühl hatte, ihre Liebe zur klassischen Musik irgendwie verbergen zu müssen, so wie ich meine Liebe zur Kunst. Jedenfalls war ich die Einzige von ihren Schulfreundinnen, die wusste, was sie am Samstagvormittag machte. Wir machten sogar Witze darüber. Wir schlichen herum, als würden wir mit Drogen dealen oder etwas Ähnliches. Wir waren sicher, die anderen würden uns für eingebildet halten, weil wir solch abgehobene Interessen hatten. Es war einfach so weit entfernt von dem, was die anderen taten.«

Doch in gewisser Weise hatte Margaret es leichter als Doreen. Margarets Eltern – und auch einige ihrer anderen Verwandten – unterstützten sie aus ganzem Herzen, als sie merkten, dass die Kleine (damals war sie fünf) Interesse am Geigenspiel zeigte. »Margaret sagt immer, die Hälfte der Juilliard-Akademie besteht aus Asiaten, meist Koreanern und Chinesen. Sie hatte beinahe das Gefühl, dort zur Schule zu gehen sei ihr Geburtsrecht.« Margaret fand zwar – wie Doreen – in der Schule keine Unterstützung, dafür stärkte ihre Familie ihr den Rücken. »Ihre Eltern waren immer so stolz auf sie, wenn sie wieder einen Preis gewann oder irgendwo ein Konzert gab«, erzählte Doreen. »Meine Familie hingegen betrachtete mich mit Erstaunen. Sie verstanden wirklich nicht, worum es mir ging und weshalb ich mich so stark zur flämischen Kunst des 17. Jahrhunderts hingezogen fühlte. Ich war doch so klug. Weshalb also suchte ich mir nicht einen Beruf, der mir auch was einbringen würde? Mein Vater kam immer wieder darauf zu sprechen, wie viel Geld ein Anwalt doch verdient.«

Die einzige wirkliche Stütze für sie war ihr Kunstlehrer an der Highschool, »ein ungeschickter, großer Typ voller Leidenschaft, der in Princeton studiert hatte. Er war wirklich klasse, auch wenn die Kinder ihn nicht besonders mochten, weil er nuschelte. Doch diese öffentliche Schule hatte sonst keine Leute aus Princeton, also taten sie wirklich etwas, um ihn zum Bleiben zu bewegen. Die Schulleitung betrachtete ihn wohl als eine Art Trophäe. Und ich wurde sein Schützling. Er förderte mich, wo er nur konnte. Er gab mir Bücher zu lesen, schickte mich in Ausstellungen und versuchte sogar, mich vor dem College in einer Sommerschule für Kunst in Amsterdam unterzubringen. Doch leider war die Reise zu teuer, obwohl ich ein Stipendium bekommen hätte. Letztlich aber war es seine Empfehlung, die mir den Weg an dieses renommierte Mädchencollege frei machte. Er glaubte wirklich an mich. Nach dem College half er mir, an eine gute Universität zu kommen. Er verfolgte meine Karriere immer sehr aufmerksam. Vielleicht traute er mir das zu, was er selbst nicht verwirklicht hatte. Er meinte immer, dass ich schon mit 17 in meinen Aufsätzen unglaublich kluge Dinge über Kunst geschrieben hätte, vieles davon sei besser gewesen als manche professionelle Kritik. Er gab mir das Gefühl, ein Wunderkind zu sein. Und auch wenn meine Familie einfach nicht verstand, warum ich Kunstgeschichte studierte, so hörte sie doch nicht auf, mich zu lieben und meine Entscheidungen kommentarlos hinzunehmen. Lustig, eine von Margarets Tanten ist taub und Margaret erzählt immer, dass sie, wenn die Familie sie in eines ihrer Konzerte mitnimmt, völlig verloren dasitzt. Genauso sahen meine nächsten Verwandten – meine Eltern, meine Schwester und mein Bruder – aus, als ich meine erste Vermeer-Vorlesung hielt.«

Das College veränderte für Doreen einiges. »Plötzlich war ich von Leuten umgeben, denen Kunst genauso wichtig war wie mir. Es war einfach super! Aber wenn ich zu Hause von einem neuen Professor oder einem neuen Freund erzählte, mit dem zusammen ich eine Arbeit schrieb, ließ sich mein Vater in seinen Sessel fallen und schimpfte vor sich hin. Meine Mutter tat so, als hätte ich gar nichts erzählt, und antwortete nur mit: ›Das ist aber nett, Liebling.‹ Mein Bruder und meine Schwester stöhnten nur. In den Thanksgiving-Ferien in meinem dritten Jahr brach es dann aus meinem damals 15-jährigen Bruder heraus: ›Du hältst dich wohl für superklug, was?‹«

Die Worte ihres Bruders verletzten Doreen, und zwar tiefer und schmerzhafter, als sie es je für möglich gehalten hätte: »Eigentlich war er ja nur ein Teenager, ein Junge im Flegelalter. Aber aus irgendeinem Grund kam ich über diese Ohrfeige nicht hinweg. Ich sah ihn nur an und sah wahrscheinlich ziemlich verletzt aus, denn er wurde ganz blass und entschuldigte sich sofort. Was er gesagt hatte, war so unglaublich feindselig gewesen. Dann wurde mir klar, weshalb ich so stark darauf reagierte. Für mich sah es so aus, als habe er sich in diesem Augenblick zum Sprachrohr der ganzen Familie gemacht. Seit meinem ersten Jahr am College hatten sie mir übel genommen, dass ich mich in ihren Augen so weit von ihnen entfernte. Ich hatte den Eindruck, sie glaubten alle, ich sei zu einer hochmütigen Gans geworden, die sich allen überlegen fühlt und nur noch schickes Zeug plappert. Ich war viel zu verletzt, um mit ihnen über all das zu sprechen. Ich *liebte* sie ja schließlich. Wussten sie das denn nicht? Ich war so stolz, ein Sprössling aus der Arbeiterklasse zu sein. Ich hatte das Gefühl, all den reichen Mädchen in ihren teuren Pullovern mit den Perlenketten etwas vorauszuhaben: Ich wusste viel mehr über die wirkliche Welt als sie. Nach diesem Vorfall aber fühlte ich mich weder bei meinen Eltern daheim noch im College.«

Doreen erzählte, dass das Gefühl, nirgendwo hinzugehören, das ihr zu Thanksgiving zum ersten Mal voll bewusst geworden war, sich noch verstärkte: »Als ich ins College zurückkam, war ich richtig fertig. Deprimiert. Ich versuchte, meine Arbeit über die Ikonographie in holländischen Still-Leben voranzubringen, doch nichts ging mir von der Hand. Dabei hatte ich mich vor den Ferien richtig darauf gefreut. Nun sahen die Bilder für mich fade aus, ein Haufen alten Geschirrs, ein paar Kerzenleuchter und Pfannen. Mit einem Mal war Kunst für mich langweilig geworden, gerade diese heimeligen holländischen Kücheninterieurs, die ich mein Leben lang so sehr geliebt hatte. Ich sollte einen ordentlichen Beruf erlernen und was tat ich stattdessen? Meine Familie hatte ganz Recht. Ich war selbstsüchtig und verschwendete meine Zeit. Vielleicht sollte ich doch besser Jura studieren und etwas Nützliches mit meinem Leben anfangen.«

Voller Selbsthass schlug sie ihre Bücher und Hefte zu und beschloss, ein wenig spazieren zu gehen. »Schnell löste mein Ärger sich auf, ich fühlte mich nur noch ausgelaugt und kraftlos«, sagte sie. »Aber auch dumm. Schließlich ging es hier nicht um etwas wirklich Gravierendes. Ich hatte weder Krebs, noch lag meine Mutter im Sterben. Ich hatte ja keinen Autounfall gehabt und würde nun nicht mein Leben lang im Rollstuhl verbringen müssen. Weshalb also die ganze Aufregung? Es war ein Punkt im Leben, an dem man sich entscheiden musste. Viele Leute im College hatten solche Erlebnisse. Sollte ich zu dem Ergebnis kommen, dass Kunstgeschichte nicht mein Fach war, wäre das kein Problem: Ich musste mich nur für ein anderes Hauptfach eintragen lassen. Das war doch keine große Sache!« Mittlerweile war Doreen fast einen Kilometer gelaufen und stand im Wald, wo sie stehen blieb. Plötzlich hatte sie das Gefühl, keinen Fuß mehr vor den anderen setzen zu können. Sie setzte sich auf einen Laubhaufen, den irgendjemand zusammengeharkt hatte. Verzweiflung überkam sie. Sie ließ sich in den Blätterhaufen sinken.

»Plötzlich wurde mir klar, und zwar zum ersten Mal in meinem Leben, dass ich die höchsten und besten Anteile meiner selbst – meine Begabung, mein Talent, meine Leidenschaft – in dieses Kunststudium gesteckt hatte. Ich tat das nicht, um hinterher irgendetwas Schickes machen zu können. Ich hatte immer das Gefühl, ich wüsste, was diese holländischen Maler gedacht hatten, was ihnen wichtig gewesen war. Sie standen mir sogar näher als meine Familie in Queens. Und auf einmal kam ich mir ungeheuer dumm vor, dass ich bereit gewesen war, all das aufzugeben. Aber ich war auch ungeheuer verletzt, dass niemand in meiner ›echten‹ Familie sich die Mühe gab zu begreifen, wie wichtig all das für mich war. Es war, als würden sie einen Teil von mir einfach in die Wüste schicken. Wie konnten sie mich gern haben, wo sie doch nicht einmal versuchten, mich zu verstehen? Dann aber dachte ich wieder: ›Und wenn sie nun Recht haben? Was konnte so ein Kunstgeschichtsstudium schon bringen? Aber das Schlimmste war, dass plötzlich all meine Freude an meinem Studium verschwunden zu sein schien. Die ganze kindliche Neugier, die Freude, mit denen ich der Kunst immer begegnet war, war plötzlich wie weggeblasen! Wo einst mein Herz gewesen war, fand sich jetzt nur noch eine triste, graue Suppe. Was sollte ich nur tun? Ich wusste, dass meine Familie sich wünschte, ich würde irgendwas ›Normales‹ machen, von meinem hohen Ross heruntersteigen und mich in der ›wirklichen Welt‹ bewähren. Aber dazu fühlte ich mich nicht in der Lage. Mir war, als hätte mich jemand getreten. Also fing ich an zu weinen. Ich schluchzte vor mich hin, weil ich mich genauso öde fühlte wie das Novemberwetter und ebenso leer wie der hohle Baumstamm, an den ich mich lehnte. Ich weinte aus ganzem Herzen. Heute weiß ich, dass es ein Hilferuf war.«

Doreen war sich nicht sicher, wie sie sich das, was dann kam, erklären sollte. »Der Himmel war bewölkt, das ist das Verrückte daran. Wissen Sie, es war nicht so, dass da plötzlich die Sonne durch die Wolken brach. Nichts, was auch nur im Entferntesten mit normalen Phänomenen erklärbar gewesen wäre. Plötzlich herrschte eine unglaubliche Stille. Ich wusste, dass jetzt gleich etwas geschehen würde, aber was? Keine Ahnung. Ich weiß nicht mehr, woran ich dachte, aber ich spürte genau, dass jetzt gleich etwas passieren würde. Und dann …« Hier sah Doreen mich an, als wolle sie sich versichern, dass ich ihr auch tatsächlich glaube. »Auf einmal zeigte sich zwischen den Bäumen eine schmale, weiße Lichtsäule. Sie stand direkt vor mir wie ein junger Baum aus Licht. Und je länger ich dieses Licht ansah, desto ruhiger wurde ich. Ich wollte, ich könnte sagen, dass ich einen Engel gesehen habe. Aber das war es nicht. Ich spürte einen unendlichen Frieden in mir. Vielleicht war meine Verzweiflung ja so groß gewesen, dass sie aus dem Nichts genau das hervorbrachte, was sie lindern konnte. Aber ich kann nicht sagen, dass ich das, was ich da sah, ›dachte‹. In mir waren keine Worte mehr. Nur dieser zunehmende innere Friede. Und es war auch nicht die Art von innerer Ruhe, die wir empfinden, wenn wir das Meer betrachten oder sonst etwas Schönes wahrnehmen. Es ging sehr viel tiefer. Und es kam nicht von außen. Es kam nicht einmal von der Lichtsäule vor meinen Augen. Vielmehr empfand ich dieses Licht nur als eine Art Weckruf, ein Signal, das meine Aufmerksamkeit auf sich lenken sollte. Ich kann das nicht genau erklären. Ich weiß nur, dass etwas in mir alles losließ. Und dass ich diese wundervolle Ruhe empfand. Ich war nicht etwa müde oder betäubt. Nein, in meinem Kopf sah ich einen Film, der die schönsten, lebendigsten Szenen meiner Kindheit zeigte. Zum Beispiel all die Momente, in denen ich ins *Frick Museum* gegangen war, diese bezaubernde, ruhige, edle Villa voll erlesener Kunstwerke. Welch außerordentlicher Rahmen für einen Rembrandt! Ich erinnerte mich daran, wie ich mit Margaret in eine Frans-Hals-Ausstellung im *Metropolitan Museum* gegangen war. Es war einfach super gewesen. Zum ersten Mal in meinem Leben hatte ich das, was ich liebte, mit jemandem geteilt, der verstand, worum es dabei ging. Nicht jemand wie meine arme Mutter, der die Sorgenfalten auf der Stirn standen, wenn ich nach einem Kunstbuch griff … Der Friede, den ich nun erlebte, kam von innen. Er kam aus der inneren Erlaubnis, Kunst lieben und genießen zu dürfen, und nicht nur die Kunst, sondern auch mich selbst. Nun wusste ich, dass ich vor mir selbst nicht mehr davonlaufen musste. Und ich musste, das, was ich liebte, nicht mehr verteidigen. Mir wurde mit einem Mal klar, dass das Glück dann zu uns kommt, wenn wir ohne Scham genießen, was wir selbst sind! Und diese Erkenntnis veränderte mein Leben. Und sie veränderte mein Verhältnis zu meiner Familie. Das Weihnachtsfest, das darauf folgte, war einfach toll.«

Konfliktlösung – Frieden als Mittel, nicht als Ziel

Als Doreen zu ihrer Familie zurückkehrte, hatte sie fast den ganzen Dezember über (seit dem Tag, an dem sie das Licht gesehen hatte) das getan, was sie immer schon getan hatte: Sie hatte ihre Arbeit genossen wie früher, mit demselben unerschütterlichen Enthusiasmus, mit dem leidenschaftlichen Auge des Betrachters, der mit dem Herzen beteiligt ist.

Sie konnte sich gar nicht mehr recht erinnern, weshalb die Worte ihres kleinen Bruders ihr so wehgetan hatten. War er nicht einfach nur in den Flegeljahren? Weshalb sollte so eine hingeworfene Bemerkung in ihr auch eine solche Krise auslösen? Als Doreen nun wieder von einem neuen Projekt erzählte, erntete sie dieselben mageren Kommentare wie immer, doch dieses Mal störte es sie nicht weiter. Sie fühlte sich weder verletzt, noch hatte sie das Gefühl, sich verteidigen zu müssen. Tatsächlich brach sie in helles Gelächter aus. Ihr Bruder (der glaubte, das Lachen seiner »hochnäsigen« Schwester gelte ihm) fauchte sie an: »Was gibt's denn da zu lachen?« »Ich weiß auch nicht«, antwortete Doreen. Und im ersten Moment wusste sie es tatsächlich nicht. Doch dann kam ihr die Erleuchtung – und ging in ihrem herzhaften Lachen unter: »Es ist einfach so komisch, dass wir alle so sind, wie wir sind.«

Doreen war nun ganz in sich verwurzelt. Weil sie sich selbst akzeptieren konnte, signalisierte sie ihrer Familie, dass sie sie mit all ihren Stärken und Schwächen annahm. Und das war tatsächlich ein wichtiger Schritt für sie. Sie sagt heute, dass sie damals eine Haltung gefunden habe, ein Selbstgefühl, das sie ganz der Begegnung mit dem Licht im Wald zuschreibt und das noch heute, zwanzig Jahre später, ihr Leben prägt. »Ich wusste nicht, wie tief der innere Friede ist, den man empfindet, wenn man gelernt hat, sich selbst zu akzeptieren und zu schätzen. Mir war nie klar, wie viel gute Arbeit man dadurch zu leisten imstande ist. Und dass dieser Frieden auch bleibt, genau dabei hilft mir dieser Engel. Er hält den Frieden in mir, hält ihn am Leben, sorgt dafür, dass ich mir seiner bewusst werde, ihn genieße, mich auf ihn verlasse und ihm völlig vertraue.«

Dass es dabei auch um Engel gehen könnte, ist für Doreen relativ neu – und lange Zeit setzte sie dieser Vorstellung Widerstand entgegen. Doch nun, fast zwanzig Jahre nach ihrem Wandlungserlebnis im Wald, nachdem sie den Tod ihrer Eltern verwinden, ihrer Schwester in ihrer Drogensucht beistehen und ihrem Bruder helfen musste, damit er seinen Abschluss machen konnte, nach all diesen Erfahrungen ist Doreens Vertrauen in ihre innere Führung, die sie zum ersten Mal im Wald erlebte, noch stärker geworden. Sie scheint sogar konkreter geworden zu sein: Heute spricht sie sogar zu ihren »Führern« und hat das Gefühl, dass sie immer bei ihr sind. Die Botschaften kommen häufiger in Sätzen. »Vielleicht habe ich einfach gelernt, offener für diese Botschaften zu sein«, meint Doreen heute. »Ich habe den Eindruck, dass es einfach damit zu tun hat, dass ich offener bin. Dabei habe ich nur gelernt, mich zu entspannen und loszulassen.« Als ich Doreen von der »Hierarchie der Engel« erzählte, grinste sie spitzbübisch. »Das wusste ich schon«, meinte sie. Auf ihre Art und in ihrem Tempo hat sie diesen Engeln erlaubt, ihr Leben vollkommen zu verändern.

»Doch das größte Geschenk für mich ist nach wie vor dieser wunderbare, schöpferische Frieden, weil ich das Gefühl habe, dass er in mir für immer und ewig verwurzelt ist. Ich muss nicht jeden Winkel meiner Seele durchforschen, um ihn zu finden. Er ist einfach da und ich weiß, dass er nicht einfach aufhören wird.« Doreen lächelt ein wenig und erzählt mir dann, was ihre Großmutter immer zu sagen pflegte: »Es ist, als würde ich ein Stückchen Himmel in mir tragen. – Hört sich das doof an? Aber es ist wahr: Ich habe ein Stück Ewigkeit in mir. Genau so fühlt sich das an. Und aus diesem Zustand ewigen Friedens heraus treffe ich meine Entscheidungen – Entscheidungen, die mich weitergebracht haben. Zumindest scheine ich immer mehr Glück als andere zu haben. Ich habe diesen Job als Dozentin bekommen, als kein Mensch Dozenten einstellen wollte. Ich liebe meinen Beruf und bekomme sogar noch Geld, um meine Studien fortzusetzen. Nächsten Herbst gehe ich nach Holland und nach Belgien. Wissen Sie, wie sich das anfühlt? Als ob das Leben selbst mich umarmen würde. So als ob gar nichts anderes geschehen könne, weil ...« Und hier macht Doreen eine Pause und lächelt selbstsicher, während sie sich auf die ungewohnten Worte vorbereitet: »... weil der Engel des Friedens mir dieses unglaubliche Geschenk gemacht hat.«

Wir sollten uns noch einmal vor Augen führen, was Doreen tat, als sie an jenem Weihnachtsfest nach Hause kam. Sie bekam dieselben Kommentare zu hören wie zu Thanksgiving. Sie ließ sich davon »entwurzeln«. Sie verlor jedes Interesse an dem, was sie in ihrem Leben eigentlich vorantreibt, an der Kunst, einem Bereich, der ihr das größte Gefühl von Identität und Lebendigkeit verschafft hatte. Daher fühlte sie sich einsam und desorientiert, so leer und ausgelaugt wie damals der hohle Baumstamm im Wald.

Zu Weihnachten konnte sie sich nicht einmal mehr daran erinnern, weshalb sie zu Thanksgiving so heftig auf ihre Familie reagiert hatte. Sie konnte jetzt sogar über die Reaktionen lachen! Was war geschehen? Sie hatte das Geschenk des Friedens erhalten, eines Friedens, der kommt, wenn man sich ganz und gar selbst annimmt. Doreen hat eine uralte Wahrheit entdeckt: Wir sind in dieser Welt nur dann wirklich sicher, wenn wir wissen, akzeptieren und lieben, was wir sind. Das bedeutet natürlich nicht, dass alle anderen uns auch so kennen, mögen und akzeptieren müssen. Doreen hörte von ihrem Vater mehr als einmal

Gemurre über diesen »Kunst-Fimmel«. Sie bemerkte mehr als einmal, wie ihre Mutter bei ihren Erzählungen verständnislos lächelte und dann zu einem anderen Thema überging. (Ihre Mutter hoffte immer, sie würde endlich mehr Energie in die Suche nach einem guten Ehemann stecken, anstatt sich dauernd mit Kunst zu beschäftigen.) Und ihr 15-jähriger Bruder (der heftig pubertierte und daher mit einem explosiven Hormongemisch fertig werden musste) warf ihr viele Boshaftigkeiten an den Kopf. Und trotzdem konnte Doreen ab einem bestimmten Augenblick über all das *lachen*. Sie empfand Mitgefühl. Sie sah diese Reaktionen ihrer Familie nicht mehr länger als Angriffe an. Sie nahm endlich wahr, dass ihre Familie auch nur »sie selbst« war. Sobald sie sich nicht mehr attackiert fühlte, konnte sie die Liebe sehen, die dahinter steckte, und hatte nicht mehr das Gefühl, diese Reaktionen würden einem Mangel an Liebe entspringen.

Welche Schlüsse zieht Doreen jetzt, nach zwanzig Jahren, aus dem, was sie damals zum ersten Mal erleben durfte? »Wenn du liebst«, sagt sie, »kommt die Liebe zu dir zurück.« Genauso sei es ihrer Erfahrung nach mit dem Frieden. Wenn Sie also Selbstsicherheit (und damit Frieden) ausstrahlen, geben Sie etwas weiter, das ansteckend wirkt. Wenn Sie mit einem Menschen zusammen sind, der sich schätzt, fühlen Sie sich selbst bald besser. (Es ist wirklich ansteckend!) Sie werden sogar besser aussehen. Wenn ein Klient zu mir kommt, der Probleme mit seinem Aussehen hat, wende ich mich zuerst an den Engel des Friedens und bitte ihn, dem Betreffenden Selbstliebe und Selbstannahme zu schenken, die sich dann in sichtbare Schönheit verwandeln. Vor kurzem habe ich Fotos zugesandt bekommen, die ich vor sechs Jahren entwickeln lassen wollte und dann vergessen hatte abzuholen. Die Fotografin schickte mir die Bilder und schrieb: »Ich hätte Sie fast nicht erkannt. Wie schaffen Sie es nur, so gut und so jung auszusehen?« Das war zwar sehr schmeichelhaft, doch tue ich gar nichts dazu. Vielmehr ist es eine weitere Gabe des Engels des Friedens. Unser Gesicht spiegelt unsere Seele wieder. Je tiefer unser Seelenfrieden ist, desto friedvoller und schöner sehen wir auch aus.

Vielleicht ist der Frieden, den ich Ihnen hier vorstelle, ja ganz anders, als Sie ihn sich vorgestellt hatten. Er ist voller Leben. Er hilft uns, uns selbst anzunehmen und zu lieben. Wahrer Frieden entsteht nicht aus Konflikten heraus. Es stimmt nicht, dass Krieg dem Frieden vorangehen muss. Frieden erwächst aus dem vollkommensten Loslassen. Frieden löst Konflikte. Das widerspricht einigen fest verankerten Ideen über Frieden. Zum Beispiel der, dass Frieden das Ziel der Konfliktlösung ist und nicht das Mittel. Frieden, so heißt es, kommt immer nach dem Krieg. Doch dieser Frieden ist etwas, das nach Erschöpfung und Aufgeben riecht. Etwas, worum man kämpfen muss, das nur entstehen kann, wenn der Konflikt keine Lösung findet. Doch ist nicht genau das eigentlich Krieg? Eine Seite kämpft mit der anderen, bis es einen eindeutigen Gewinner gibt. Und wenn der Verlierer aufgibt, kommt es zu einer Art »Frieden«? Diese Art von Frieden hat keine Dauer, weil sie nicht heilsam wirkt.

Frieden, zumindest der, den dieser Engel uns verleiht, ist eine lebendige, warme, tröstliche, ewige Umarmung, die unsere Seele braucht wie der Körper die Luft zum Atmen. Frieden ist ein ständiges Loslassen, kein Aufgeben. Frieden ist keine spirituelle Schlafpille. Denn dieser »lebendige« Friede ist ein Mittel, Streitereien zu bereinigen. Als Doreen aufhörte, sich zu verteidigen und wütend auf ihre Familie zu reagieren, als sie sie alle mit ihrem Lachen überraschte, demonstrierte sie, welch ungeheure Kraft dem Frieden eigen ist. Die Energie des Friedens löst den Konflikt einfach auf. Auch hier geht es nicht um etwas, das wir durch Anstrengung erlangen. Frieden entsteht nicht, indem wir im dichtesten Kampfgetümmel das Schwert schwingen. Wie es in der Liebe keine Furcht gibt, so ist auch der Frieden furchtlos. Er ist so frei wie ein Fluss, der einfach dahinfließt. Und er drängt uns zu sein, nicht zu tun. Und auch hier kommt unser Wahlspruch zum Tragen: *Handeln durch Sein*. Genau das ist wahrer Friede: Er macht uns mit unserem Sein bekannt – mit dem, was wir sind, einfach weil es uns gibt – und unterstützt uns, das auszuwählen, was unser Sein stärkt, was uns unserer selbst sicher sein lässt und daher weiteren Frieden bringt. Wenn unser Handeln von diesem Zustand des Seins getragen wird, ist Friede viel »machbarer«, als wir je geglaubt haben. (*Psst! Sie müssen es ja nicht an die große Glocke hängen, aber das Leben ist einfacher, als wir alle denken!*)

»Ein Stück Himmel in mir. Ein Stück Ewigkeit in meinem Inneren.« Das sind Doreens Worte, mit denen sie beschreibt, wie Frieden sich für sie anfühlt. Nun, mit dem Engel des Sieges an unserer Seite, werden wir erfahren, wie wir mehr von diesem Himmel erobern, mehr vom ewigen Licht in unser Leben holen können. Und auch hier müssen wir letztlich nur das sehen lernen, was bereits da ist.

9 Der Engel des Sieges

Viele unserer Vorstellungen wandeln sich, wenn wir Engel in unser Leben lassen. Denken Sie nur an die Konzepte, mit denen wir uns hier beschäftigt haben und deren Bedeutung wir zu kennen glaubten: Vision, Weisheit, Reinheit, Stärke, Liebe, Frieden … Haben diese Dinge für Sie jetzt nicht einen etwas anderen Sinn als zuvor?

So wissen Sie nun beispielsweise, dass eine Vision mehr ist als das Produkt einer Visualisierungsübung. Der Engel der Vision gibt Ihnen nicht nur ein klareres Bild dessen, was Sie sich für Ihr Leben wünschen, sondern auch ein besseres Verständnis dafür, wer Sie sind und was Ihr Wunsch mit Ihrem wahren Selbst zu tun hat. Ihre Vision ist sofort, in diesem Augenblick für Sie »abrufbar«. Betrachten Sie sie als Realität, nicht als etwas, das irgendwann einmal am Horizont der Zukunft dämmern wird. Je besser Ihnen das gelingt, desto klarer wird Ihre Vision sein. Eine Vision ist etwas, das jetzt bereits Wirklichkeit sein könnte (und in gewisser Weise auch ist).

Weisheit wiederum hat nichts damit zu tun, abgeklärt auf unseren »banalen Alltagstrott« herabzusehen. Für die Engel bedeutet Weisheit praktische Einsicht. Weisheit führt uns klar vor Augen, wie wir unsere Visionen umsetzen, also »recht handeln«

können. Die Vision allein ist Schall und Rauch: Erst unser Tun verleiht ihr sozusagen »Fleisch und Blut«.

Reinheit wiederum ist wie eine erfrischende Dusche – die Gabe, der wahren Bedeutung unserer Vision treu zu bleiben; dem, was uns am Herzen liegt und uns wirklich glücklich macht. Mit diesem Geschenk können wir alles aussortieren, was nicht wirklich zu uns gehört oder nur auf den Einflüsterungen unseres Ego beruht.

Stärke wiederum ist die spirituelle Energie, die uns hilft, auf dem Weg zu bleiben, den uns die Gabe der Klarheit weist. Es geht dabei nicht um die Macht; nicht darum, die Umstände zu beeinflussen, sondern um die grenzenlose Kraft, die alle Dinge durchströmt und uns jederzeit zur Verfügung steht. Sie versorgt Sie mit allem Notwendigen.

Das Geschenk der Liebe wiederum kommt, wenn wir es am dringendsten brauchen, dann nämlich, wenn der Mechanismus, der unsere Träume wirklich werden lässt, tatsächlich greift, so dass unsere Visionen sichtbare Gestalt annehmen. An diesem Punkt ist es am allerwichtigsten, dass wir uns an die höheren Ziele erinnern, die unserer Lebensvision zugrunde liegen. Und hier kommt uns die Liebe aus freien Stücken entgegen. Wenn Sie es zulassen, wird der Lohn der Engel Ihnen dadurch noch reicher zuteil werden. Liebe erleuchtet, Liebe verbindet uns mit anderen Menschen und der ganzen Welt und schenkt uns so grenzenlose Freude.

Aus dem gewaltigen Strom der Liebe geht der Frieden hervor, nicht als sanftes Ruhekissen, auf dem wir vor uns hindösen. Dieser Frieden ist die natürliche Folge Ihrer Hinwendung zur Liebe, mit der Sie sich selbst und die Welt nun umfangen. Frieden bedeutet, dass wir uns mit uns selbst wohl fühlen, und das schenkt uns Sicherheit. Wir akzeptieren, was wir sind, und nehmen unsere Rolle in der Welt an, glücklich über die positive Wirkung, die unser Sein auf andere hat.

Es gibt also auch eine von den Engeln inspirierte Dimension, die den hier erläuterten Begriffen einen tieferen Sinn und neues Leben einhaucht. So werden diese Worte mit einer Energie aufgeladen, die sie vielleicht nicht hatten, als Sie begonnen haben, dieses Buch zu lesen. Dieser tiefere Sinn beruht auf den folgenden drei Prinzipien:

1. Sie können Hilfe und Unterstützung erhalten, wann immer Sie das brauchen.
2. Sie verdienen, was Sie sich wünschen.
3. Sie sind nicht allein – alles, was Sie in diesem Leben tun, geschieht in Verbindung mit dem Tun anderer Menschen und Lebewesen.

Das letztgenannte Prinzip, dass wir nicht allein sondern Teil des Universums sind, an dessen Schöpfung wir Anteil haben, führt uns direkt zum Wesen des letzten Engels, des Engels des Sieges.

Mut, nicht Tapferkeit im Kampf – Siegen heißt Vertrauen

Erinnern Sie sich an Grace, von der ich Ihnen in Kapitel 2 erzählt habe? Grace, die mit 37 Jahren plötzlich ohne Job und Perspektive dastand, als sie zu mir kam? Ich bat sie damals, alles, was sie je gelernt hatte, loszulassen, ihren Geist zu beruhigen und sich mit den höheren Kräften ihres Selbst Verbindung aufzunehmen. Es stellte sich heraus, dass in ihrem Kopf eine »Schallplatte« lief, auf der ihre Mutter zu hören ist. Als Grace noch ein kleines Mädchen war, hatte sie ihr eingeredet, dass sie weder hübsch noch klug noch kompetent sei. Und sie sehnte sich so danach, endlich von dieser »Platte« befreit zu werden, dass sie sehr motiviert war und sich auf das, was ich sie zu tun bat, sofort einlassen konnte. Sie brauchte einfach nur die Erlaubnis, die ich ihr gab, und schon ließ sie los.

Nun, solche Fälle sind das tägliche Brot der Psychotherapeuten. Trotzdem hätten mir die meisten wohl kaum zugestimmt, als ich Grace riet, einfach alles loszulassen. Man könne, so meinen die meisten, ein Leben voller psychischer Probleme nicht einfach »loslassen«, wenn man dazu aufgefordert wird. Und sie gehen davon aus, dass so tief verwurzelte Probleme, wie Grace sie hatte, Wochen und Monate der Analyse und Therapie brauchen.

Ich habe mit Psychotherapeuten keine Probleme. Die meisten helfen ihren Patienten, mit den unterschiedlichsten Problemen fertig zu werden. Doch die Engel sagen uns, dass wir unsere Begrenzungen jederzeit loswerden können. Alles, was nötig ist, ist der Wunsch, genau das zu tun. Dabei handelt es sich keineswegs um eine »billige Form von Zweckoptimismus«! Vielmehr geht es dabei um die innere Kraft des Zustands der Gnade, was Grace, deren englischer Name eben »Gnade« bedeutet, natürlich besonders fasziniert. Gnade ist etwas, das jeder von uns augenblicklich erlangen kann, wenn er nur darum zu bitten weiß. Graces Heilung fand in dem Augenblick statt, als sie lernte, wie sie mit dieser scheltenden Mutterstimme umgehen sollte und was zu tun war, wenn diese bösen Worte in ihr wieder hochkochten. Sie versetzte sich in einen meditativen, »höheren« Zustand, in dem die Stimme ihrer Mutter sie nicht verletzen konnte – weil sie wusste, dass sie nicht die Wahrheit sagte. Sie wollte die Stimme gehen lassen. Die Hilfe der Engel zeigte ihr nur, wie sie dabei vorgehen sollte.

Wenn wir wissen, dass wir sogar die schmerzhaftesten Momente unseres Lebens loslassen und uns so selbst von den drückendsten Lasten der Vergangenheit befreien können, ist das erste Zeichen, dass wir die Gaben des Siegesengels zu empfangen beginnen. Normalerweise glauben wir, »Sieg« habe etwas mit »erobern« zu tun. Wir stellen uns Kämpfe vor, bei denen wir schreckliche Feinde bezwingen. Doch diese Auffassung birgt ein doppeltes Risiko in sich: Zum einen lässt sie uns glauben, in unserem »Kampf« allein zu stehen. Zum anderen verleitet sie uns zu der Vorstellung, dass wir uns gegen etwas Furchterregendes »erheben« müssen. Bestenfalls denken wir noch, wir müssten unsere eigenen Ängste bekämpfen, um den »Sieg« davontragen zu können.

Doch wenn wir bereit sind, den Engel des Sieges kennen zu lernen, wissen wir bereits, dass Furcht eine Illusion ist. Es geht hier nicht um Tapferkeit. Um Mut hingegen schon. Doch wir sollten uns auch hier vor Augen halten, dass Mut aus dem Herzen kommt. Mut hat etwas mit Vertrauen zu tun. Wir sind mutig, wenn wir aus ganzem Herzen lieben. Wenn wir Vertrauen in unser höheres Selbst – und unsere engelhaften Führer – haben, obwohl wir nicht wissen, wie unser Unternehmen ausgehen wird. Mut kann freudvoll sein und ist es letztlich wohl immer. Tapferkeit beruht allerdings auf Furcht. Und Furcht ist nicht wirklich.

Erinnern Sie sich daran, was ich am Ende des letzten Kapitels geschrieben habe? (*Psst! Sie müssen es ja nicht an die große Glocke hängen, aber das Leben ist einfacher, als wir alle denken!*) Nun, der Engel des Sieges lässt die Klammern wegfallen. »Sieg« bedeutet zu erkennen, dass unser Leben, unsere Fahrt ins Glück immer sehr einfach sein sollte und kann. Sie müssen nur um innere Führung bitten und den Mut haben, ihr zu folgen, indem Sie »recht handeln« und dann genießen, was kommt.

Die Engel-Connection

Wenn der Engel des Sieges in unser Leben tritt, wissen wir bereits, dass unsere ursprüngliche Vorstellung von Tapferkeit – der heldenmütige Kampf gegen einen schrecklichen Feind – nichts als Unfug ist. Der Engel des Sieges lässt uns wahrhaft am Leben teilhaben. Und das Schönste daran ist, dass er uns das auch wissen lässt. Der bewusste Kontakt mit diesem Engel zeigt uns meist, dass es viele Engel des Sieges gibt. Jeder von ihnen steht für eine

Einsicht, die Sie gewonnen haben. Sie wissen nun, welchen Regeln Sie folgen müssen, um das Leben zu bekommen, das Sie sich wünschen; um alles zu erhalten, was Ihnen wichtig ist, und mit der Welt in Verbindung zu sein. Doch am wichtigsten ist die Erkenntnis, dass Sie nicht allein sind, dass alles, was auf Sie zukommt, immer mit den Engeln, mit anderen Menschen oder anderen »höheren« Mächten zu tun hat – wie immer Sie es auch nennen mögen.

Ein sehr bekannter Schauspieler, mit dem ich arbeitete, ist ein vollendetes Beispiel für diese Art des Siegens. Er war durch eine Serie berühmt geworden, doch als diese endete, war seine Karriere an einem toten Punkt angelangt. Er ist ein sehr spiritueller Mensch in dem Sinne: Er hatte immer das Gefühl, am Universum teilzuhaben. Er glaubte fest daran, dass alles, was geschah, einen Sinn hatte, auch wenn er diesen noch nicht erkennen konnte. Er akzeptierte, was das Leben für ihn bereithielt (nämlich die Tatsache, dass seine Serie gestrichen wurde), auch wenn es in den Augen der Umwelt wie »Scheitern« aussah, und bekam so eine neue Möglichkeit in seinem Leben. Man lud ihn ein, die Fakultät für Schauspielkunst an einem öffentlichen College zu leiten. Er hatte noch nie unterrichtet, sich das aber immer gewünscht. Der angebliche Mangel an Prestige, den diese Stelle mit sich brachte, störte ihn nicht. Natürlich, er unterrichtete nicht gerade an einem guten College, aber was machte das schon? Er betrachtete das Ganze als wunderbare Gelegenheit. Das College brachte ihn in einer wunderschönen alten Villa unter, in der er sich mit seiner Familie sehr wohl fühlte. Seine beiden jüngeren Söhne waren überglücklich, weil das Haus einen riesigen Hof hatte und in der Nachbarschaft viele Kinder wohnten. Seine Frau, die Sozialarbeiterin war, fand schnell einen Job in einem nahe gelegenen Institut. Sie arbeitet jetzt mit den Kindern obdachloser Menschen. Damit hatte auch sie etwas, was sie sich immer schon gewünscht hatte. Er selbst stürzte sich in die Arbeit und bald schon gehörte seine Fakultät zu den Besten des Landes.

Die Menschen kamen von nah und fern, um seine Produktionen zu sehen.

Schließlich nahm seine Karriere noch einmal eine andere Richtung: Ein Filmproduzent und Regisseur war so beeindruckt von dem, was er lehrte, dass er ihm die Regie bei einem Film anbot. Und er akzeptierte mit derselben mutigen und kindlichen Begeisterung, die er allem und jedem in seinem Leben entgegenbrachte. Und natürlich war er wieder »siegreich«.

Wenn wir erfolgreich sind, leben wir in Harmonie mit der Welt. Wir wissen, dass unser »Erfolg« nicht nur uns selbst zuzuschreiben ist, sondern auf die Partnerschaft mit etwas zurückzuführen ist, das »größer ist als wir selbst«. Das ist, was uns der Engel des Sieges schenkt: die Gemeinschaft mit Gott.

10 Der Himmel auf Erden: eine Meditationsübung

Es wird mir wohl nicht gelingen, auf alle Fragen, die Sie an dieser Stelle vielleicht noch haben, eine Antwort zu geben – auf ein paar allerdings – so hoffe ich – schon. So habe ich zum Beispiel häufig davon gesprochen, dass wir zu unseren Engeln (seien es nun unsere Schutzengel oder die Engel der »Hierarchie der Engel«, denen dieses Buch hauptsächlich gewidmet ist) Kontakt aufnehmen sollen. Was genau habe ich damit gemeint? Wie können Sie denn nun tatsächlich mit den Engeln in Verbindung treten?

Zuallererst: Denken Sie an das, was ich Ihnen gleich zu Anfang gesagt habe. Sie müssen keine Engelsvision haben, um Hilfe von den Engeln zu erhalten oder gar ihre Gegenwart zu fühlen. Wichtig ist, dass Sie immer so tun, »als ob«. Sogar wenn Sie nie über dieses Stadium hinausgelangen, werden Sie ganz erstaunliche Dinge erleben.

Was meditative Zustände angeht, ist das größte Problem, dass man sie nicht wirklich lehren kann – zumindest nicht durch ein Buch. Und sogar wenn jemand wirklich gut darin ist, anderen Menschen zu zeigen, wie sie in diesen so genannten »Alpha-Zustand« (nach den Alphawellen im Gehirn) gelangen können, in dem sie für die Botschaften der Engel offener und empfänglicher sind, wird er keinen Erfolg haben, wenn sie seinem Wirken

Widerstand entgegensetzen. Das Entscheidende dabei ist: Niemand kann Ihnen die »Arbeit« abnehmen. Was im Übrigen nicht bedeutet, dass Sie es allein schaffen müssen. (Das ist nämlich gar nicht möglich – Meditation heißt immer, sich mit einer höheren Kraft zu verbinden.) Aber Sie müssen wirklich *»loslassen« wollen* wie Grace. Dann werden Sie auch dazu in der Lage sein.

Was ich dafür tun kann, habe ich bereits getan: Ich habe Ihnen alles gesagt, was ich weiß, und an Sie weitergegeben, was die Engel mir so bereitwillig mitgeteilt haben.

Dazu gehört auch die folgende Meditation, die ich schon sehr vielen Menschen, einzeln oder in der Gruppe, vorgestellt habe. Sie ist eine Art Zusammenfassung dessen, was die Engel uns wissen lassen wollen. Ich gebe die Meditation Wort für Wort so wieder, wie ich sie empfangen habe. (Obwohl natürlich alles, was Sie hier in diesem Buch lesen, eine Gabe der Engel ist, die Ihnen mit Hilfe meiner Fähigkeit dieses Wissen zukommen lassen wollen.) Ich möchte Sie bitten, diese Meditation laut zu lesen. Analysieren Sie die Worte nicht. Lesen Sie sich das, was da steht, einfach nur selbst laut vor. Ja, es ist nicht gerade Dichtung, noch nicht einmal ein richtiges Gebet. Es ist nicht mehr und nicht weniger als meine »Stimme«, die Ihnen vorträgt, was die Engel Ihnen mitteilen möchten.

Doch es wird Ihnen helfen, die Tore weit aufzustoßen, damit die liebende Kraft der Engel hereinkommen kann – die Liebe der Wesen, deren Existenz nur dann Sinn hat, wenn Sie die Gaben annehmen, die sie Ihnen überreichen möchten.

Der Himmel auf Erden: eine Meditationsübung

Die Engel sind immer bei uns. Die meisten Menschen haben bereits Erfahrung mit Engeln, auch wenn sie das nicht immer wissen. Die sieben Engel der Schöpfung sind die Pfeiler der Brücke, die Sie in ein Leben voller Glück und Erfüllung führt.

Machen Sie es sich bequem. Lassen Sie Ihre Gedanken ruhig und klar werden ... kommen und gehen. Konzentrieren Sie sich nun auf den Wunsch, den Sie mit Ihren Engeln oder geistigen Führern teilen wollen. Wenn Sie einer Ablenkung aus dem Weg gehen möchten, wählen Sie ein Wort aus, das Sie immer wieder vor sich hin sagen. Lehnen Sie sich zurück. Entspannen Sie sich. Lassen Sie die Energie durch Ihren Körper fließen. Spüren Sie, wie Sie leichter und lichter werden. Fühlen Sie Ihre eigene Schwingung, Ihren Geist. Nun erheben Sie sich über Ihren Körper. Fühlen Sie, wie Ihre Energie sich vom Körper trennt. Verlassen Sie Ihren Körper. Erlauben Sie Ihrer Energie, eine höhere Ebene zu erreichen.

Nun schweben Sie, segeln sanft durch die Wolken. Lassen Sie einfach Ihre Sorgen zurück. Ihren Alltag. Ihren Job. Ihre Freunde. Fühlen Sie, wie die Energie durch den blauen Himmel aufsteigt, durch die Wolken, durch die Sie völlig ohne Anstrengung schweben. Durch Licht, das sich mit Ihrer Energie vereinigt. Während Sie so dahinschweben, entdecken Sie vor sich zwei Tore, die sich für Sie öffnen und Sie einladen, näher zu kommen. Machen Sie sich voll bewusst, wie diese sich öffnen. Lassen Sie sich hineinfallen, gehen Sie ganz darin auf. Die Tore öffnen sich, damit Sie in die geheimnisvolle Welt dahinter eintauchen können. Schweben Sie durch Himmel und Wolken. Irgendwo dort sehen Sie ein Tor aus weißem Marmor. Es öffnet sich langsam. Gehen Sie hindurch.

Dahinter wartet der Engel der Vision auf Sie. Dieser Engel wird Ihnen eine Vision schenken. Lassen Sie all die negativen Dinge los, die Sie als Kind und als Erwachene/r erlebt haben. Lassen Sie sie einfach am Tor zurück. Der Engel umgibt Sie mit der Energie der Vision. Fühlen Sie seine Gegenwart. Seine Liebe. Sein Licht. Danken Sie diesem Engel. Nehmen Sie die Vision mit sich, während Sie sich durch das Tor weiter zur nächsten Ebene begeben. Sie schweben weiter, völlig ohne Anstrengung.

Nun stehen Sie vor einem weiteren Tor, das sich ebenfalls für Sie öffnet. Der Engel der Weisheit begrüßt Sie. Treten Sie ein und lassen Sie all Ihre negativen Gedanken, Ihre Zweifel und Widerstände los.

All das fließt einfach aus Ihnen heraus. Sie müssen es nur gehen lassen. Der Engel der Weisheit umgibt Sie mit seinem Licht. Er schenkt Ihnen die Weisheit der Jahrhunderte – das Wissen, dass Sie und Ihr Leben vollkommen sind. Hier und jetzt. Das Wissen, dass Sie, was immer Sie für Ihr Leben wünschen, selbst erschaffen können. Grüßen Sie Ihren Engel. Danken Sie ihm und verlassen Sie den Raum. Warten Sie, bis das Tor sich hinter Ihnen geschlossen hat, um zur nächsten Ebene überzugehen, die wieder ein bisschen höher liegt. Sie fühlen sich »erhoben«. Die Engel der Vision und der Weisheit begleiten Sie zum nächsten Tor, das sich für Sie öffnet.

Dort heißt der Engel der Reinheit Sie willkommen. Bewegen Sie sich auf ihn zu, um ihn zu begrüßen. Dieser Engel badet Sie in reiner Liebe. Sie geben Ihre noch verbliebene Negativität auf und er schenkt Ihnen dafür Klarheit. Nun sind Sie frei von allen unharmonischen Schwingungen. Sie sind gereinigt: Energie, Vitalität, Heilung und Trost durchströmen Sie. Danken Sie diesem Engel. Warten Sie, bis das Tor sich geschlossen hat, und suchen Sie dann die nächste Ebene auf. Kraft und Stärke durchströmen Sie.

Ein weiteres Tor öffnet sich: Der Engel der Stärke stößt es für Sie auf. Treten Sie ein. Grüßen Sie Ihren Engel. Lassen Sie die Macht des Universums in sich ein, um Heilung zu finden. Akzeptieren Sie, was geschieht: Das Licht füllt Sie vollkommen aus. Danken Sie Ihrem Engel. Lassen Sie sich durch das Tor treiben und gehen Sie weiter zur nächsten Ebene. Während Sie allmählich höher und höher empor steigen, wird Ihr Bewusstsein immer klarer. Ihre Vision steht in vollkommenem Einklang mit Ihrem Leben.

Nun nehmen Sie das nächste Tor wahr. Es öffnet sich. Dahinter begegnen Sie dem Engel der Liebe. Fühlen Sie die Gegenwart unbedingter, grenzenloser Liebe. Umarmen Sie diesen Engel aus ganzem Herzen. Nehmen Sie seine Gaben in sich auf. Die Liebe umfängt Sie vollkommen, inniger als Sie es je für möglich gehalten haben. Nehmen Sie die Sicherheit, den Trost dieser Liebe ganz in sich auf. Akzeptieren Sie diese Liebe. Sagen Sie: »Danke. Ich nehme diese Liebe jetzt vollkommen an. Ich bin diese Liebe.« Lassen Sie sich von

Liebe umhüllen. Wenn Sie ihn verlassen, danken Sie dem Engel der Liebe. Das Tor schließt sich hinter Ihnen und Sie steigen eine weitere Stufe höher. Sobald Sie zur nächsten Ebene kommen, tut sich ein noch viel größeres Tor vor Ihnen auf.

Dort erscheint nun der Engel des Friedens, der Sie in seine Energie hüllt. Friede für Körper und Geist. Die wundervolle, tröstliche Kraft des Friedens ist überall. Sie lädt Sie auf und beruhigt Sie. Nehmen Sie die Schwingung des Friedens in sich auf und danken Sie dem Engel, bevor Sie den Raum wieder verlassen und das Tor sich hinter Ihnen schließt. Auf der nächsten Ebene öffnet sich erneut ein Tor für Sie, hinter dem eine ganze Schar von Engeln auf Sie wartet.

Es sind die Engel des Sieges. Sie teilen Ihnen mit, dass Sie bereits zahllose Siege errungen haben, auch den Sieg über sich selbst. Sie haben alles vollbracht, was Sie sich vorgenommen hatten. Sie haben erreicht, was Sie im Leben wollten. Sie haben alles angenommen, was in Ihnen steckt. Und Sie erkennen, dass Sie nicht allein sind, sondern ein wichtiger Teil des Universums. Sie wissen, dass Sie geliebt werden. Danken Sie diesen Engeln, bevor Sie sich von Ihnen verabschieden. Seien Sie glücklich, deren Liebe gewonnen zu haben.

Nun lassen Sie das sich schließende Tor hinter sich und kehren zu den beiden Toren am Eingang zurück. Sie haben jetzt alle Gaben der Engel erhalten: Vision, Weisheit, Reinheit, Stärke, Liebe, Frieden und Sieg. Nehmen Sie all das an. Akzeptieren Sie, dass all dies nun Ihnen gehört. Dann verabschieden Sie sich von Ihren Führern. Während Sie die Tore durchmessen, nehmen Sie deren Liebe noch einmal vollkommen in sich auf.

Sie schweben weiter dahin, noch leichter, noch strahlender. Die Tore schließen sich hinter Ihnen. Sie sind nun aufgeladen mit Weisheit, Kraft und Liebe. Sie sind ein unglaublicher Mensch, der alles besitzt, was er braucht. Jetzt, wo Sie über den Himmel schweben, machen Sie sich auf, Ihre Heimat zu suchen. Sie erkennen diesen Ort in den Wolken. Dann wird es Zeit, zur Erde und in den Körper zurückzukehren. Der Erdkörper ist mit dem ätherischen Körper verbunden. Sie wissen, dass beide eins sind. Alles, was Sie auf Ihrer

Reise gelernt und erfahren haben, nehmen Sie mit sich. Diese Information wird Ihnen niemals verloren gehen. Sie werden erleuchtet. Ihre Energie erreicht andere Menschen. Sie können schaffen, was Sie wollen und wann Sie es wollen. Kehren Sie allmählich in Ihren Körper zurück. Danken Sie Ihren Engeln für diese fabelhafte Reise, die Sie Ihnen zu unternehmen ermöglicht haben. Bleiben Sie mit ihnen in Verbindung. Fühlen Sie ihre Energie. Ihre Engel sind immer bei Ihnen. Spüren Sie ihre Gegenwart. Sie haben Ihnen bereits geholfen, den Himmel auf Erden zu schaffen.

11 Engel – kurz und knapp erläutert

Fakten, Fragen und Antworten

Was sind Engel?

Engel sind sozusagen die »Leitungen« des Universums. Sie bieten uns eine Möglichkeit der spirituellen Kommunikation, auf die wir anders nicht zugreifen können. Vor allem sind Engel Boten. Sie haben keine eigene Meinung und keinen eigenen Willen. Sie sind vollkommen verwirklichte Wesen mit einem einzigen Ziel: uns bei unserem materiellen und geistigen Wachstum zu helfen. Sie nehmen jede Form an, welche der Wirksamkeit der Botschaft förderlich ist. Manchmal sehen sie aus wie menschliche Wesen. Sie können durch ein Lied oder eine Gedichtzeile mit uns kommunizieren, aber auch durch einen Duft, den wir wahrnehmen. Manchmal flüstern sie uns ihre Botschaften gleichsam ins Ohr, dann wieder sehen wir etwas vor unserem inneren Auge, von dem die Engel wissen, dass wir es brauchen. Temperament und Persönlichkeit des Empfängers bestimmen, welche Form ein Engel annimmt und wie er kommuniziert. Sie teilen uns mit, was für uns am besten ist, und zwar auf eine Weise, die unsere innersten Wünsche berücksichtigt.

Doch da die meisten von uns mit der spirituellen Welt wenig vertraut sind und wenig über spirituelle Erscheinungen wissen, sind wir häufig nicht in der Lage, die Engel auszumachen und ihre Botschaft zu verstehen. Wir »sehen« nicht, was sie uns sagen, weil unser »Sehvermögen« nicht geschult ist. Vielleicht ist die beste Art, sich auf einen Engel vorzubereiten, möglichst viele Erwartungen loszulassen. Ist es Ihnen zum Beispiel schon mal passiert, dass Sie das Radio einschalten und es kommt genau das Lied, das Sie hören wollten?

Das kann bereits das Werk eines Engels sein.

Was sind Schutzengel und wie nehme ich Verbindung zu meinem auf?

Schutzengel sind das, was ihr Name besagt: Engel, deren Aufgabe es ist, uns zu schützen, zu behüten und zu führen. Häufig präsentieren sie sich als die feine Stimme in unserem Kopf, die wir manchmal als Gewissen wahrnehmen. Manchmal schlägt sie uns aber auch schöpferische Lösungen für schwierige Probleme vor oder warnt uns vor einer Gefahr. Schutzengel drängen uns, bestimmte Dinge zu tun, weil sie wissen, dass es für uns an der Zeit ist, diese Erfahrung zu machen. Oder sie führen uns an Orte, wo wir wichtige Entwicklungsschritte vollziehen können. Wenn Sie mit Ihrem Schutzengel Kontakt aufnehmen wollen, tun Sie das am besten durch Meditation und Gebet. Aber seien Sie nicht enttäuscht, wenn er Ihnen nicht erscheint. Schutzengel arbeiten mit uns auf eingespielte und bewährte Weise. Sollte Ihr Schutzengel also einen Weg gefunden haben, mit Ihnen zu kommunizieren, dann muss er vielleicht gar nicht sichtbar werden. Manchmal nimmt ein Schutzengel (wie der Erzengel Michael in meinem Fall) eine wahrnehmbare Form an oder macht sich auf andere Weise bemerkbar. Das geschieht immer dann, wenn unsere Schutzengel uns etwas besonders Bedeutsames mitzuteilen haben – eine Botschaft oder Einsicht, die sich an diesem Punkt in Ihrem Leben als wichtig erweist. Aber vergessen Sie nicht: Sie müssen den Rat Ihres Schutzengels nicht extra suchen. Ihr Engel stellt ganz von selbst sicher, dass Sie die Botschaft erhalten und verstehen. Je offener und durchlässiger Sie für Informationen dieser Art werden, desto deutlicher wird auch die Botschaft. Wenn Sie diese Empfangsbereitschaft in der Meditation pflegen, stoßen Sie das Tor für Ihren Engel weit, weit auf.

Warum kommen die Engel überhaupt zu uns?

Seelen schwingen auf fast melodische Weise zusammen. Bestimmte Schwingungen vermischen sich leichter als andere – das Resultat ist eine Art wechselseitiger magnetischer Anziehung. Zwischen Engeln und den Menschen, die sie beschützen und denen sie dienen, gibt es diese Art harmonischen Zusammenklangs. Jeder Engel, mit dem Sie Kontakt aufnehmen, wird seine Schwingungen mit den Ihren vereinen. Wenn Sie also einen Engel um Hilfe bitten, senden Sie eine Form von Energie aus, die eine ähnliche Schwingung anzieht. Daher passen die Schwingungen des Bittenden und des reagierenden Engels immer und unter allen Umständen auf wundervolle Weise zueinander.

Wie können wir die Engel zu uns rufen?

Zunächst einmal müssen wir wissen, dass die Engel immer um uns sind. Daher können Sie, wenn Sie einen Engel anrufen wollen, einfach ein Gebet oder Ritual benutzen, das Sie besonders mögen. Es gibt keinen falschen Weg, Kontakt zu den Engeln aufzunehmen. Denken Sie daran: Engel sind spirituelle »Leitungen«, die auf jede Gelegenheit, uns die Botschaften an die Hand zu geben, die wir brauchen, bereitwilligst reagieren. Der aufrichtige Wunsch nach der Gegenwart eines Engels genügt schon, um die Drähte heißlaufen zu lassen. Öffnen Sie sich und die Engel werden zu Ihnen kommen.

Kann ein Mensch ein Engel sein, ohne es zu wissen?

Nein. Ein Engel ist kein menschliches Wesen. Folglich kann kein Mensch zum Engel werden – mit einer einzigen Ausnahme, die uns aus der Geschichte der Engel bekannt ist. Metatron war der Oberste der Engelsschar – eine Art »höchster« Erzengel. In seiner menschlichen Form hieß er Enoch. Von ihm berichten die Schriften, dass er 300 Jahre alt wurde. Da nahm Gott seine Seele (*nefesh*) und verwandelte sie in einen Engel. Er stieg zu den 99 Gerechten auf, in einen geistigen Bereich, in dem er seinen Körper nicht verlassen musste, aber trotzdem auch auf der energetischen Ebene existieren konnte. Sein Aufstieg in diesen Teil des Himmels und die Transformation seiner Seele sind die ersten und einzigen Berichte über diesbezügliche Verbindungen zwischen dem Reich der Engel und dem der Menschen.

Müssen wir Engeln gegenüber auch manchmal vorsichtig sein?

Wie Sie aus diesem Buch wissen, sind Engel pure positive Energie. Sie existieren einzig und allein, um Botschaften zu übermitteln, die das Leben bejahen. Wenn Sie auf eine spirituelle Präsenz stoßen, die Sie stört oder Ihnen negative Energie vermittelt, dann ist das mit nahezu hundertprozentiger Wahrscheinlichkeit eine menschliche Seele, die den Übergang in ihre nächste Daseinsform noch nicht vollzogen hat.

Doch wenn Sie die verschiedenen Namen der Engel einmal kennen, wie zum Beispiel die Namen der Erzengel Michael, Gabriel, Uriel und Raffael, dann sollten Sie darauf achten, dass

Sie diese Namen nicht aussprechen, wenn Sie den entsprechenden Engel nicht wirklich rufen möchten. Der Name eines Engels ist eine sehr machtvolle Möglichkeit, ihn zu uns zu holen. Denken Sie daran, dass Engel keinen freien Willen haben. Wie die Genien, unsere Schutzgeister, kommen sie, wenn wir sie rufen. Manchmal, wenn wir auf ihre Gegenwart nicht vorbereitet sind, kann es uns ein wenig durcheinander bringen, so als hätten wir Starkstrom auf die Schwachstromleitung gelegt. Sprechen Sie ihre Namen nur in Gedanken und nicht laut aus, wenn Sie nicht wirklich an Ihrer Anwesenheit interessiert sind.

Gebete, um Engel herbeizurufen

Hier finden Sie spezielle Formen, um die Engel anzurufen, die ich in diesem Buch vorgestellt habe. Doch zuerst noch ein paar allgemeine Regeln für den Umgang mit den Engeln, die vor allem dazu dienen, Sie selbst empfänglicher zu machen. Dann kann der Engel, dessen Hilfe Sie suchen, Ihnen klarere Botschaften übermitteln.

- Lernen Sie, Information durch sich hindurchströmen zu lassen.
- Bitten Sie Ihre Engel zu kommen und Sie die innere Stille zu lehren, die das Wissen um die eigene Kraft verleiht.
- Benutzen Sie nur Worte mit positiven Schwingungen, die ihr höheres, liebendes, freies Selbst widerspiegeln und aus denen ihre reinsten Zielsetzungen sprechen.
- Sprechen Sie nur im Tempus der Gegenwart – *jetzt.*
- Erlauben Sie sich, Fortschritte zu machen.
- Bleiben Sie offen für die Botschaft.

Gebet vor der Anrufung eines Engels

Geliebter Allmächtiger: Ich bin hier. Ich bitte Dich, mich zu behüten und mich stets daran zu erinnern, dass ich in allem, was ich tun möge, zuerst Deiner gedenke. Und in allem, was mir gelingt, das Wirken der Engel sehe, die mir stets beistehen, wenn ich mein Leben zum Positiven verändern will. Hiermit nehme ich mein Leben als vollkommen an.

Wie Sie mit den Engeln der »Hierarchie der Engel« Kontakt aufnehmen können

Während Sie die folgenden Affirmationen wiederholen, stellen Sie sich vor, wie Sie mit Ihrem Engel sprechen wie mit Ihrem besten Freund. Fahren Sie Ihre Antennen aus, um die Antwort zu hören, und setzen Sie das Empfangene dann in die Tat um.

Der Engel der Vision

- Ich lade jetzt den Engel der Vision ein, in mein Leben zu treten.
- Ich nehme alle Botschaften dieses Engels klar auf und erbitte seine Hilfe.
- Ich tue so, »als ob«, damit das, was ich für mein Leben wünsche, Wirklichkeit wird. Ich handle ohne jede Furcht.
- Ich bitte diesen Führer, mir auf meinem Weg zu leuchten.
- Ich danke für mein Leben und für die Hilfe des Engels der Vision in meinem Inneren.

Der Engel der Weisheit

- Nun lade ich den Engel der Weisheit ein, mir die Informationen zu geben, die ich brauche. Ich nehme seine Botschaft dankbar an.
- Mein Leben ist erfüllt mit grenzenloser Weisheit.
- Diese Weisheit verleiht mir die Kraft, in meinem Leben etwas vollkommen Neues zu schaffen, sei es beruflich oder privat.
- Der Engel der Weisheit befreit mich von alten Denk- und Verhaltensmustern, die mir nicht nützlich sind.
- Ich bitte diesen Engel, mich auf meinem spirituellen Pfad sicher zu geleiten.
- Das Licht der Weisheit leuchtet in mir. Es zieht schöpferische Ideen an, die mein Sein durchströmen.
- Ich danke für mein Leben und für die Hilfe des Engels der Weisheit in meinem Inneren.

Der Engel der Reinheit

- Ich gebe mich dem Engel der Reinheit hin, der mich mit klaren, positiven Energien überschüttet.
- Ich heiße diesen Schauer, der meine Seele reinigt, zutiefst willkommen.
- Ich lasse diesen Engel arbeiten, da er mir hilft, alles zu vergeben, was in mir und meiner Umgebung emotionale Verwirrung verursacht.
- Ich öffne meinen Körper für die kühle, heilende Energie, die dieser Engel mir schenkt.
- Ich entscheide mich, in meinen täglichen Gedanken rein zu sein und mein ganzes Sein einfließen zu lassen.
- Ich lasse Wunder in meinem Leben geschehen.
- Ich danke für mein Leben und für die Hilfe des Engels der Reinheit in meinem Inneren.

Der Engel der Stärke

- ✷ Ich entscheide mich, eine Fülle neuer Ideen und positiv gestimmter Menschen in mein Leben zu holen.
- ✷ Mein Engel der Stärke schenkt mir grenzenlose Energie.
- ✷ Ich treffe wichtige Entscheidungen in meinem Leben ohne Schwierigkeiten.
- ✷ Mein geistiger Führer schenkt mir täglich spirituelle Energie.
- ✷ Ich bitte meinen Engel der Stärke, andere Lebewesen zu unterstützen, die Hilfe brauchen.
- ✷ Mein Engel der Stärke erfüllt mich mit Vertrauen.
- ✷ Ich danke für mein Leben und für die Hilfe des Engels der Stärke in meinem Inneren.

Der Engel der Liebe

- ✷ Mein Engel der Liebe öffnet mir das Herz für die göttliche Kraft.
- ✷ Ich bin die Energie Gottes. Alle Meister, alle Engel sind in mir.
- ✷ Ich strahle ununterbrochen Liebe und Fülle aus.
- ✷ Meine Beziehungen sind vom höchsten Gott gestiftet.
- ✷ Ich sehe die Liebe in jedem Menschen, der in mein Leben tritt.
- ✷ Ich öffne mein Herz, damit dieser Engel durch mich hindurchfließen kann. Ich fühle die Liebe und Unterstützung dieses Engels.
- ✷ Ich stärke mich selbst, indem ich einigen engen Freunden sage, wie sehr ich sie mag.
- ✷ Ich feiere meine Liebe zu mir selbst, indem ich mir etwas wirklich Gutes tue, das ich normalerweise nicht tun würde.
- ✷ Ich danke für mein Leben und für die Hilfe des Engels der Liebe in meinem Inneren.

Der Engel des Friedens

- Ich bitte meinen geistigen Führer, mich allzeit mit seiner Gegenwart zu umgeben.
- Ich fühle mich wohl in meinem Leben. Mein geistiger Führer schenkt mir innere Ruhe, die Körper, Geist und Seele befriedet.
- Mein Engel des Friedens beschützt mich. Er führt mich in Situationen, wo mein Frieden am besten wirken kann.
- Ich bin allzeit sicher und behütet. Ich werde geliebt.
- Ich ziehe den Frieden an, der in allen Lebenssituationen wohnt.
- Mein Leben ist allzeit ausgeglichen.
- Ich danke für mein Leben und für die Hilfe des Engels des Friedens in meinem Inneren.

Der Engel des Sieges

- Ich bitte meinen geistigen Führer, mir nur das Beste im Leben zu schenken.
- Meine Engel wachen über mich, während ich schlafe.
- Ich bitte meine Engel, mein hellstes Licht zu entzünden.
- Ich bitte meine Engel, anderen Menschen Hoffnung zu schenken.
- Mein Weg inspiriert mich.
- Ich rufe den Engel des Sieges, damit er in all meinen Absichten und Zielen präsent ist.
- Ich handle, als sei ich ein »Sieger«.
- Alles, was ich wünsche, ist bereits mein.
- Was ich über andere sage, ist von der Schwingung meiner höchsten Zielsetzungen durchdrungen.
- Ich vertraue auf meinen Erfolg.
- Ich entscheide mich, reich und glücklich zu sein.

- ✷ Ich weiß, dass meine Talente und Gaben mir zu meinem Besten geschenkt wurden.
- ✷ Ich danke für mein Leben und für die Hilfe des Engels des Sieges in meinem Inneren.

Tagebuch und Arbeitsbuch

Diese beiden Bücher sollen Ihnen helfen, sich das Leben zu schaffen, das Sie sich wünschen. Engel sind voller Inspiration. Sie können uns gleichsam als Leuchtfeuer dienen, da sie immer um uns sind und uns den Weg weisen. Nun, wo Sie wissen, wie Sie Ihre Engel und geistigen Führer um Hilfe bitten können, soll aus dem bisher nur angelesenen Wissen gelebte Erfahrung werden. Sind Sie bereit für eine grundlegende Veränderung in Ihrem Leben, für Wachstum und Wandel?

Lassen Sie uns gemeinsam danach suchen, dass Sie Klarheit über Ihr wundervolles Selbst gewinnen. Auf die Fragen und Vorschläge, die ich Ihnen hier vorstelle, gibt es keine »richtigen« Antworten. Was für Sie richtig ist, hängt immer von Ihren persönlichen Erfahrungen ab. Denn was bei Ihnen funktioniert, kann bei anderen überhaupt keine Wirkung haben. Aus diesem Grund müssen wir die Führung vertrauensvoll den Engeln überlassen. Nur sie wissen, was wirklich richtig für uns ist. Bevor wir nun beginnen, möchte ich Sie bitten, sich völlig zu öffnen und die folgende Erklärung dreimal laut zu lesen:

Mein Leben ist wundervoll! Ich werde geheilt und nehme alle Führung an, die mir zuteil wird. Meine Bitten werden von der göttlichen Macht erfüllt; sie dienen zum Besten aller. Ich nehme die Gaben der Fülle, der Freude, des Friedens und der Gesundheit ganz an – in diesem Augenblick!

Jetzt stehen Sie in vollkommenem Einklang mit Ihrem spirituellen Selbst, daher möchte ich, dass Sie einen Vertrag mit Ihren geistigen Führern schließen. Wenn Sie ihn unterzeichnen, gehen Sie damit die innere Verpflichtung ein, Ihr Leben zu verändern oder es achtsamer zu führen. Denken Sie daran: Es ist niemals zu spät! Sie können jederzeit ganz von vorn anfangen. Jeder Augenblick ist der Beginn eines neuen Lebens. Wir alle können frei wählen. Die Engel tun nichts anderes, als uns zu übermitteln, dass wir jederzeit frei wählen können.

Lesen Sie diesen Vertrag laut vor. Tragen Sie Ihren Namen in die Lücke ein. Weiter unten ist Raum für die Unterschrift.

Ich, ..., vertraue mir selbst und meinen geistigen Führern. Ich weiß, dass sie mir das Wissen vermitteln werden, das ich brauche, um meinen Himmel auf Erden zu schaffen. Ich entscheide mich für das, was sich in meinem Innern gut und richtig anfühlt. Alle Talente und Gaben, alles Wissen, das ich brauche, besitze ich bereits. Ich achte mich selbst, indem ich allen Lebewesen meiner näheren und ferneren Umgebung mit Liebe begegne. Jeden Tag nehme ich das Wunder meines Lebens von neuem an. Ich lasse alte Denk- und Verhaltensmuster los, so dass meine Engel die Energien, die mich umgeben, aktivieren können. Ich lebe ganz im *Jetzt* und feiere mein vollkommenes Sein.

Ihre Unterschrift ....

Datum ....

Nun werden Sie erforschen, was Sie sich im tiefsten Inneren wirklich wünschen. Bitte behalten Sie dabei folgende Punkte im Hinterkopf:

* Urteilen Sie nicht nach dem äußeren Anschein.

* Verfangen Sie sich nicht in den Fallstricken des Materiellen.
* Sie sind nicht Ihr Bankkonto, Ihr guter Ruf oder Ihr Job.
* Die spirituelle Hilfe der Engel steht Ihnen immer und überall zur Verfügung.
* Vereinigen Sie sich mit dieser Kraft und nehmen Sie sie vollkommen an.
* Lieben Sie sich selbst und Ihren Körper.
* Wagen Sie es, der Mensch zu sein, der Sie wirklich sind.
* Seien Sie dankbar und demütig.

Ihre Wünsche, Ziele und Sehnsüchte

Fragen Sie Ihr höheres Selbst, was es Wirklichkeit werden lassen möchte. Bitten Sie um Information, um welchen Bereich (Spiritualität, Finanzen, Beziehungen, Musik, Gesundheit, Arbeit etc.) es dabei geht. Dann laden Sie die Engel ein, zu Ihnen zu kommen, und vervollständigen die folgenden Sätze:

Ich wünsche mir, ... zu sein.

Ich wünsche mir, ... zu tun.

Ich wünsche mir, ... zu haben.

Die nächste Übung soll Ihnen helfen, noch genauer herauszufinden, was Ihr wahres Ziel ist. (Vergessen Sie nicht: In diesem Abschnitt geht es vor allem darum, sich die *Erlaubnis* zu geben.) Nehmen Sie Verbindung zu Ihrem höherem Selbst auf, bitten Sie um die Hilfe der Engel und vervollständigen Sie dann die unten stehenden Sätze:

Wenn ich mir um Geld keine Sorgen machen müsste, würde ich ....

Wenn ich mir um mein Alter keine Sorgen machen müsste, würde ich ....

Mein Traumpartner (meine Traumpartnerin) müsste .... haben, sein, tun.

Mein Traumpartner (meine Traumpartnerin) müsste .... aussehen. (Beschreiben Sie ihn oder sie nun in allen körperlichen, emotionalen, geistigen und seelischen Aspekten.):

Nur für Ihre Augen und die Ihrer Engel bestimmt:

17 Fragen, die Ihnen erlauben,

sich auf Ihre Ziele zu konzentrieren;
sich für neue Möglichkeiten zu öffnen;
alte Denk- und Verhaltensmuster zu verändern;
Ihr Selbstbewusstsein zu erhöhen;
die Führung der Engel einzuladen
und ein neues Leben zu erschaffen.

Beantworten Sie die folgenden Fragen so aufrichtig, wie Sie nur können. Schreiben Sie die ersten Eindrücke nieder, die in Ihnen aufsteigen. Halten Sie nichts zurück. Verändern Sie nichts. Und machen Sie sich keine Sorgen darüber, wie andere Menschen reagieren könnten. Dieser Fragebogen geht nur Sie selbst etwas an. Je ehrlicher Ihre Antworten sind, desto klarer wird Ihnen werden, welches Leben Sie führen, welcher Mensch Sie sein möchten und auf welchem Weg Sie das erreichen – mit der Hilfe der Engel natürlich.

1. Was mag ich an meinem Körper und meiner äußeren Erscheinung nicht?

2. Wie sieht mein idealer Körper, meine ideale äußere Erscheinung aus?

3. Welche Probleme habe ich in meinem Berufsleben?

4. Wie sieht meine beste berufliche Entwicklung aus? Welche Ergebnisse erwarte ich, wenn mein Leben eine Wendung in diese Richtung nehmen würde?

5. Welche Probleme oder Situationen blockieren mich derzeit?

6. Gibt es eine beste Lösung für diese Probleme? Was würde sämtliche Schwierigkeiten beseitigen und den Fluss des Lebens wieder ins Fließen bringen?

7. Woran glaube ich in spiritueller Hinsicht?

8. Was erwarte ich von meinen Engeln?

9. Hege ich Zweifel, dass es Engel gibt? Auch wenn ich noch nie einen gesehen habe: Wie würde ein Engel aussehen?

10. Was werden die Menschen in meiner Umgebung denken oder sagen, wenn ich sie wissen lasse, dass ich an Engel glaube bzw. eine persönliche Begegnung mit einem Engel hatte?

11. Was erwarte ich von mir selbst?

12. Weshalb gelingt es mir nicht, alle Lebewesen in meinem Leben zu lieben und ihnen zu vertrauen?

13. Weshalb bin ich zornig? Hege ich Groll gegenüber Menschen in meinem Leben? Wenn ja: Um wen geht es? Was hat er oder sie getan? Wie wurde ich dabei verletzt?

14. Ich schreibe hier nun die Namen aller Menschen nieder, die mich verletzt haben und denen ich ihr Verhalten mir gegenüber nicht vergeben wollte. Ich vergebe ihnen. Ich segne sie. Ich lasse sie voller Liebe gehen.

15. Was erwarte ich von anderen Menschen?

16. Welche sieben Dinge kann ich richtig gut?

- ....
- ....
- ....
- ....
- ....
- ....
- ....

17. Welche sieben Dinge mag ich an mir selbst?

- ....
- ....
- ....
- ....
- ....
- ....
- ....

Nun sind Sie bereit für das Leben, das Sie sich wünschen. Beginnen Sie noch heute damit. Lassen Sie Ihr höheres Selbst und Ihre Engel zusammenarbeiten, um Ihren Geist zu »erheben«. Setzen Sie Ihre Kräfte ein, um Ihre eigene Größe zu schaffen. Gehen Sie ein Risiko ein: *Seien Sie der Mensch, der Sie sind*. Denn nun wissen Sie: Sie sind für immer gesegnet. Sie werden für immer geliebt.